슬기로운 반려생활

\- 고마워! 나의 가족이 되어 주어서 -

슬기로운 반려생활

- 고마워! 나의 가족이 되어 주어서 -

김병석 · 최동락 · 김수진 · 이영락 공저

dm 동문사

머리말

"반려동물에 대해 교육을 받은 보호자와 함께 생활하는 반려동물이 건강하고 행복한 생활을 합니다."

"대한민국에서 반려생활을 하고, 동물을 사랑하는 모든 분들을 응원합니다."

"반려동물과 함께 카페에서 커피를 마시고, 맛난 식사를 하고, 병원에 들어가고, 공공기관을 방문하는 날을 기원합니다."

반려동물과 함께 생활하는 많은 분들이 반려동물에 대한 이해가 부족해 어려움을 겪는 경우를 자주 접하게 됩니다.

"알아야 이해할 수 있고, 사랑할 수 있습니다."

반려동물 관련 강의를 하면서 조금이나마 반려동물과 생활하는 보호자 분들께 도움이 되는 내용을 정확하고 알차게 담아 쉽게 전달하고자 노력하였습니다. 반려동물에 대해 이해하고, 아이들과 생활하고 있는 반려가족 분들이 더욱더 아이들과 사랑하고, 교감하며 살아가시면서 아이들의 기쁨, 슬픔 등을 이해하시는 데 도움이 되기를 바랍니다.

반려동물 돌봄 프로그램과 선진화된 반려동물 문화의식 함양을 위해 노력해주신 많은 분들이 계십니다. 그분들에게 진심으로 감사드립니다.

반려동물과 함께 생활하는 모든 분들이 사랑하고 행복하시기를 바라며 글을 마칩니다.

- 저자 일동 -

차 례

- 우리 아이들을 위한 엄빠의 자가진단

문항	내용	예	아니요
1	반려견 동물등록을 하셨는지요?		
2	반려견 건강을 위해 예방접종 및 광견병 접종은 하셨는지요?		
3	동물보호법상 반려견 목줄의 길이(2m 이내), 인식표 들어갈 내용(반려견 이름, 등록번호, 보호자 전화번호), 배변 관련 규정을 알고 계시는지요?		
4	반려견에게 마사지 또는 쓰다듬기를 매일 해주고 계시는지요?		
5	반려견에게 사회적 자극을 해주고 있으신지요? 또는 반려견에게 반려견 친구가 있는지요?		
6	반려견이 보호자를 신뢰하고 있다고 생각하는지요?		
7	반려견과 행복하고 즐거운 반려생활을 하고 있는지요?		
8	반려견이 어떤 상황에서 즐거운 표정이나 몸짓을 하고 있는지 아세요?		
9	반려견에게 제일 좋아하는 보상이 무엇인지 알고 계시는지요?		
10	반려견에게 효과적인 혼내기, 훈육 방법을 알고 계시는지요?		
11	반려견이 생활하는데 적절한 온도와 습도를 제공해 주고 계시는지요?		
12	반려견의 행동특성 중 물어뜯는 욕구를 해소시켜 주고 계신지요?		
13	반려견의 행동특성 중 냄새 맡는 욕구를 해소시켜 주고 계신지요?		
14	반려견이 에너지를 발산할 수 있도록 매일 산책을 하시는지요?		
15	반려견의 몸을 매일 세세히 만져보고 계시는지요?		
16	반려견의 행동을 매일 세세히 살펴보시는지요?		
17	반려견이 아플 때 찾아가는 동물병원이 정해져 있으신지요?		
18	반려견의 성격을 파악하고 계시는지요?		
19	반려견이 편안하게 잠을 잘 수 있는 넓은 공간과 장소가 있는지요?		
20	반려견이 산책 시 자유롭게 이곳저곳 다니면서 냄새를 맡도록 하시는지요?		
계			

1: 16점~20점, 반려견들에게 완벽한 보호자님, 사랑해요!

2: 11점~15점, 반려견들에게 감사한 보호자님, 조금만 더 해주세요!

3: 10점 이하, 반려견들에게 노력이 필요한 보호자님, 몸으로 행동해주세요!

• 우리 아이들과 보내는 엄빠들의 시간표

예 필립, 앙리의 하루 시간표 2024.3.26.

시간	활동	비고
오전 6시	소변	
오전 7시	산책 60분 후, 얼굴 발 닦기, 빗질	
오전 8시	아침식사	
오전 9시	낮잠	
오전 10시	낮잠	
오전 11시		
오전 12시		
오후 1시		
오후 2시		
오후 3시		
오후 4시	소변	
오후 5시		
오후 6시	저녁식사	
오후 7시	산책 30분, 얼굴 발 닦기, 빗질	
오후 8시	놀이 20분	
오후 9시		
오후 10시	잠자기	
오후 11시		

제1장

너는 어디서 온 거야? 너를 알고 싶어?

슬기로운 반려생활
- 고마워! 나의 가족이 되어 주어서 -

1. 개의 유래

일부 학자들의 경우 인간이 떨어진 늑대 새끼를 기르고 이 새끼들끼리 번식을 시작하면서 이 늑대들이 시간이 흐르면서 개로 점점 변하며 오랜 시간에 걸쳐 결국 현재의 개가 되었다는 설도 있습니다.

2013년 매사추세츠주 햄프셔 대학의 래몬드 코핀거(Raymond Coppinger) 박사가 발표한 논문에 의하면 초기 늑대는 청소부 역할을 했으며 인간의 거주지에 나오는 먹이들을 먹으며 인간과의 상호작용에 성공했고 가장 사회적이고 덜 두려워하는 개체들이 그들의 자손에게 이 특성이 유전되면서 인간 성향에 가깝게 되었다고 주장하고 있습니다.

미토콘드리아 DNA 분석 결과 현대의 개와 회색늑대는 대략 10만 년 전에 종분화된 것으로 추정되어 왔는데, 2013년 개의 화석을 이용한 분석에서는 33,000~36,000년 전 사이에 분화가 이루어졌을 것으로 보고 있습니다.

개과 동물의 공통된 습성이라면 무리(pack)를 지어 생활하는 것입니다. 대부분의 개과 동물들은 무리를 이루고 살며, 개체 간 서열이 나뉘고, 자기 서열에 따라 체계적으로 움직입니다. 다른 동물을 사냥하고, 영역을 지키기 위해 무리를 이루어 생활하는 방향으로 진화되었다고 추측할 수 있습니다.

1) 개의 행동발달

반려견 성장주기	기간	변화
신생아기	0~2주	- 약간의 감각기관, 촉각, 후각 - 모견의 자견에 대한 배변 유도 및 청소
이행기 (과도기)	2~3주	- 시각(13일 전후), 청각(20일 전후) - 으르렁거리기, 꼬리 흔들기 등 사회적 행동 시작
사회화기	3~5주	- 사물, 다른 동물 인식, 사회화, 호기심 왕성 - 공포심, 경계심이 약함. 긍정적 감정을 주는 것이 중요 - 사회적 애착 형성 시작
사회화기	6~8주	- 사회적 동기 부여 강하고, 사회적 감수기 강함
사회화기	12주차 이후	- 낯선 상대에 대한 접촉, 회피 동기부여
유년기	이유 후 6개월 ~ 1년	- 이유 후 성성숙에 이르는 시기 - 복잡한 운동 패턴 학습 - 사회적 관계 및 놀이행동
성년기	1, 2 ~ 8년	- 안정적 행동표현 - 완벽한 감각기관 이용

2. 개의 커뮤니케이션

개의 경우 종간 커뮤니케이션뿐만 아니라, 사람과 개, 개와 고양이 등과 같은 다른 동물과의 커뮤니케이션이 가능하다고 알려져 있습니다. 개의 커뮤니케이션을 이해하기 위해서는 표정, 귀, 눈, 꼬리, 몸 동작, 소리 등을 종합적으로 고려하여 판단해야 합니다.

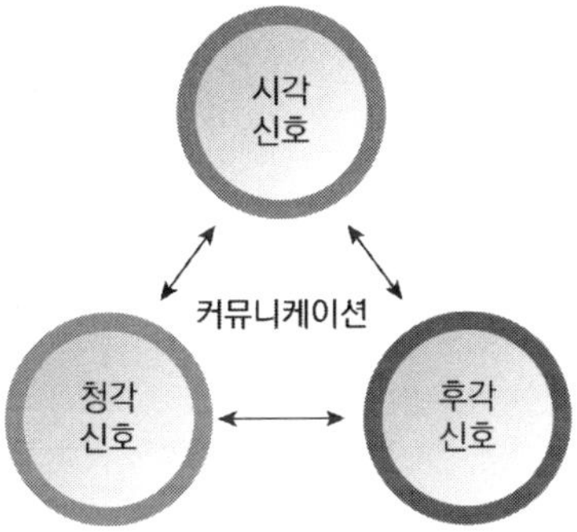

개의 커뮤니케이션(의사 및 감정 표현)

1) 개의 시각 커뮤니케이션

개의 시력

움직이는 물체에 대한 시력(동체시력)은 사람보다 발달했지만, 움직이지 않는 물체에 대한 시력은 사람보다 낮습니다(시력 0.1-0.2). 개의 눈에는 사람에게는 없는 반사체가 있습니다.

개는 반사체로 야간시력 향상에 도움을 받으며 약간의 빛만으로도 대상을 구분할 수 있습니다. 따라서 개의 조상인 늑대는 야행성 동물입니다.

개의 시력은 견종에 따라 다소 차이가 있습니다. 퍼그처럼 코가 눌린 단두종은 220도 정도, 그레이하운드나 아프간하운드 등 머즐이 길고 체고가 큰 장두종은 270도까지 볼 수 있습니다.

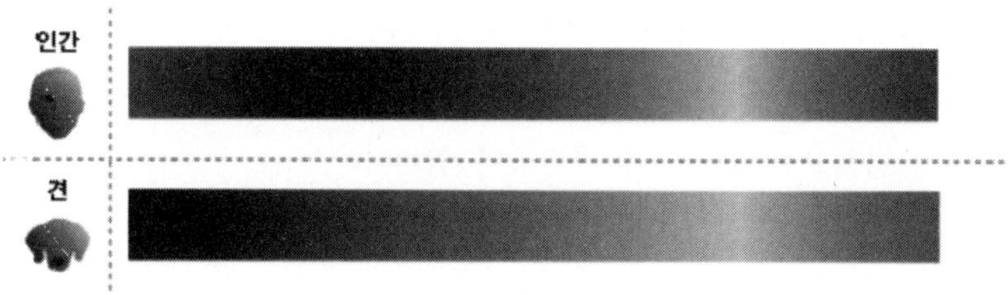

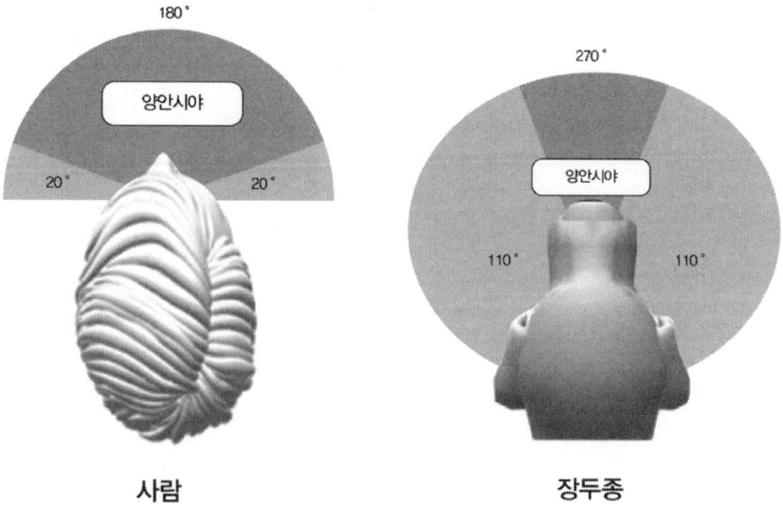

개과 동물인 늑대와 개는 무리 간 커뮤니케이션의 대부분이 몸짓이나 표정으로 시각신호로 동료 간의 커뮤니케이션을 합니다.

개의 꼬리, 귀, 입, 등의 털, 몸의 전체적인 균형, 움직임을 종합적으로 관찰하여 다양한 표정을 익힘으로써 개의 감정을 파악할 수 있습니다.

2) 개의 청각 커뮤니케이션

개가 가축화된 이유 중에 하는 개가 자신의 세력권, 즉 영역을 누군가 침해당하면 바로 경고의 소리를 내는 것이 인간의 안전을 지키기에 도움이 된다는 것을 알고 개를 가까이 두기 시작했다고 추정하고 있습니다.

개는 신체적인 구조의 차이로 사람처럼 다양한 소리를 내지 못하지만, 다양한 소리를 통해 서로 간에 의사 전달을 하고 있음은 분명합니다.

개의 소리를 이용한 커뮤니케이션을 이해하기 위해서는 개가 내는 소리의 세 가지를 중요하게 관찰하면 쉽게 이해할 수 있습니다. '소리의 높이', '소리의 길이', '반복되는 빈도'입니다.

개의 귀에는 무려 18개의 근육으로 귀를 움직여 소리를 모으는 역할을 합니다. 때문에 사람보다 정확한 소리를 4배나 더 먼 곳까지 들을 수 있다고 합니다.

견의 청각 주파수 범위를 사람과 비교하면 사람의 가청범위(들을 수 있는 소리의 범위)는 보통 20~20,000Hz이고, 개는 견종마다 차이가 있지만 보통 40~65,000Hz 범위의 주파수 대역을 감지할 수 있고 높은음인 고주파를 사람보다 잘 들을 수 있습니다.

전문 훈련사들의 경우 소리의 양과 톤(높이)을 구분하여 사용합니다.

예를 들어 이름을 부를 때, 칭찬하는 경우, 제어하는 경우, 처벌하는 경우, 명령어에 따라 톤의 높이와 길이를 다르게 하면 효과적입니다.

① 개의 '소리의 높이'

개는 '소리의 높이'로서 다양한 의사를 전달합니다. 예를 들어 으르렁

거림이나 짖는 소리, 음정이 낮은 소리는 대개 위협이나 분노, 공격적 행동을 할 때 내는 경우가 많습니다. 음정이 낮은 소리는 "저리 가"를 의미합니다. 반대로 음정이 높은 소리는 대개 "이리와" 하는 의미 또는 "그쪽으로 가도 돼?"라는 질문을 나타내는 경우가 많습니다.

② 개의 '소리의 길이'

개의 '소리의 길이'는 '소리의 높이'의 의미를 바꾸는 경우가 많습니다. '소리의 높이'와 '소리의 길이'가 조합해서 사용되면 소리의 의미가 복잡해집니다. 소리의 길이가 짧고, 소리의 높이가 높고 날카로운 경우에는 개의 공포, 고통, 욕구와 연결됩니다.

예를 들어 높은 짧은 경우의 '깨갱'은 개가 고통을 느끼거나 겁을 먹고 도망가려고 하는 표현일 경우입니다. 반면 길게 '깨갱' 소리는 즐거움, 기쁨, 유혹을 의미합니다.

③ 개의 '소리의 빈도'

개가 내는 '소리의 빈도', 즉 빠른 속도로 여러 번 반복하는 소리는 개가 흥분했거나 위급한 상황에 있음을 나타냅니다. 반대로 소리의 빈도의 간격이 벌어지거나 되풀이되지 않을 때는 흥분의 정도가 낮거나, 잠깐이라도 흥분이 사라졌음을 의미합니다.

예를 창문을 통해 밖을 보면서 한두 번 짖을 때는 흥미로운 무언가에 호기심을 가지고 있다는 신호입니다. 그러나 연속적으로 짖을 때는 흥분의 정도가 높다는 의미로 해석될 수 있거나, 자신의 신변에 영향을 줄 수 있는 중요한 문제이거나 위험 가능성이 있다는 표현으로 짖는 것으로 해석할 수 있습니다.

3) 개의 후각 커뮤니케이션

개의 후각신호는 종별, 성별, 건강상태, 발정상태 등의 다양한 정보들을 전달할 수 있습니다. 개의 후각 수용체(세포)는 견종에 따라 차이가 있으나 평균 2억 2천만 개로 500만 개인 사람보다 약 44배가 많습니다.

개의 코는 촉촉한 상태를 유지해야 합니다. 이는 공중에 떠다니는 냄새를 코점막에 접촉시키게 함으로써 매우 미세한 냄새도 구별할 수 있습니다.

개와 고양이 등의 동물들은 페로몬(pheromone)이라는 매우 특별한 냄새를 분비합니다. 페로몬은 개체의 성별과 연령을 포함하여, 암컷의 경우에는 발정상태, 임신 상태, 출산 경험 여부 등 생식에 관한 정확한 정보를 포함하고, 공격행동의 발현과 제어 작용에도 영향을 주는 것으로 알려져 있습니다.

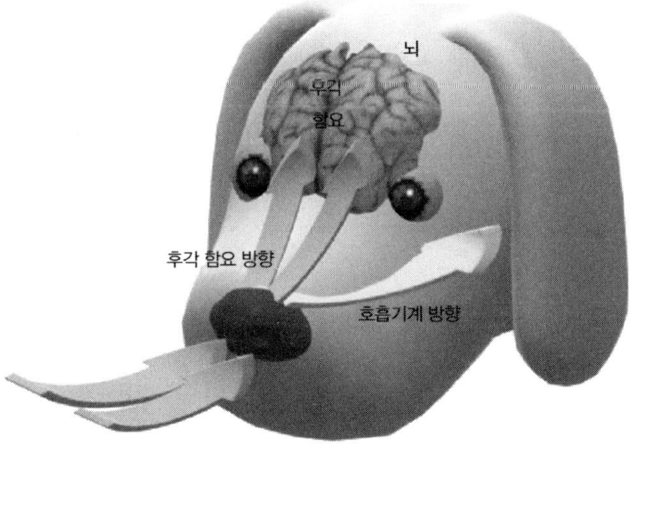

4) 개의 미각

일반적으로 사람의 혀에 분포된 미뢰의 수는 9,000개이며, 견은 1,700개의 미뢰를 가지고 있습니다.

- 미뢰: 혓바닥의 작은 망울과 입안의 점막에 분포되어 맛을 느끼게 하는 세포

5) 개의 촉각

촉각에 관계되는 감각세포들은 통증, 가려움, 온도, 촉각으로 4개의 수용체가 피부에 점재하고 있습니다. 개는 통증을 느끼는 수용체가 적기 때문에 야생에서 살아남을 수 있었을 것으로 추정하고 있습니다. 개의 코, 혀, 입, 발바닥의 피부는 민감하며 입과는 주위에 매우 예민한 촉각모를 가지고 있습니다.

3. 카밍시그널(Calming Signals)

노르웨이의 개 훈사인 투리드 루가스(Turid Lugaas)는 개가 서로 의사소통을 하기 위해 사용하는 30여 가지의 다른 신호를 확인하였으며, 카밍시그널(Calming Signals)이라고 명명했습니다.

카밍시그널은 공격 차단, 충돌 방지 신호 이상의 역할을 하고, 개들 간 협력을 촉진하는 데 도움이 되는 적극적인 의사소통이라고 합니다.

루가스에 따르면, 개에게 가장 무서운 것은 혼자 있는 것이고, 사람은 개들에게 고독을 받아들이도록 가르칠 수 있지만, 개들 역시 천성적으로 안전하다고 느끼기 위해 무리가 필요하며, 개와 생활하는 보호자는 개들의 무리가 될 수 있다고 주장합니다.

카밍시그널은 강아지 신체의 크기나 신체별, 부위별 크기에 따라 미세하게 표현할 수 있습니다. 개가 상황별로 어떤 카밍시그널을 사용하는지, 그리고 한 가지만 사용하는 것이 아니라 여러 가지를 동시에 사용하므로 주의 깊게 관찰해야 합니다.

개의 품종별, 개체별로 사용하는 카밍시그널의 수는 다를 수 있으며, 세계 모든 개는 같은 카밍시그널을 사용한다고 합니다.

• 카밍시그널의 기능

기능	내용
긴장 완화의 기능	– 자신의 긴장을 완화할 때 사용 – 불안, 불편함을 느끼고 자신의 심리 상태를 전달할 때
싸움 회피의 기능	– 적의 없음을 전할 때 – 다른 개체들과 친해지고 싶을 때
진정 신호의 기능	– 상대의 흥분을 가라앉히고 진정시킬 때

1) 카밍시그널의 종류

(1) "불안을 전할 때" – 나 불편하거든!

① 냄새 맡기(Sniffing Ground)

② 다른 곳 쳐다보기(Looking away & Head turning)

③ 등 돌리기(Turn away)

④ 코 핥기(Licking nose)

⑤ 발로 몸 긁기(Scratching body)

⑥ 눈 깜빡이기(Blinking eyes)

⑦ 발로 입 건들기(Smacking Lips)

⑧ 앞발 한쪽 들기(Lifting paws)

⑨ 오줌 지리기(Peeing)

⑩ 얼음처럼 움직이지 않기(Freezing)

⑪ 앉기(Sitting)

⑫ 짖기(Barking)

(2) "적의 없음을 전할 때" – 너를 해치지 않는 강아지야 또는 너와 친해지고 싶어!

① 천천히 움직이거나 걷기(Moving slowly, Walking slowly)
② 앞발 한쪽 들기(Lifting paws)
③ 놀자 표시하기(Play Bowing)
④ 눈을 부드럽게 뜨기(Softening the eyes)
⑤ 서로 멀리 떨어져 돌아가기(Curving)
⑥ 얼음처럼 움직이지 않기(Freezing)
⑦ 꼬리 흔들기(Wagging tail)
⑧ 오줌 지리기(Peeing)
⑨ 냄새 맡기(Sniffing Ground)
⑩ 하품하기(Yawning)
⑪ 엎드리기(Laying down)
⑫ 앉기(Sitting)

(3) 상대를 진정시킬 때 또는 흥분을 가리앉힐 때 – 너희들 너무 흥분했어! 이제 그만하자!

① 하품하기(Yawning)
② 중간에 끼어들기(Splitting up)
③ 등 돌리기(Turning away)
④ 엎드리기(Laying down)
⑤ 앉기(Sitting)

• 카밍시그널 '앉기'와 '엎드리기'

개는 자신의 감정이 불안할 때, 적의 없음을 전할 때, 상대가 흥분했을 때의 시각 신호로 '앉아'와 '엎드려'를 합니다. 따라서 복종훈련에서 '앉기'와 '엎드리기'동작은 개들이 새로운 환경에서도 완벽하게 할 수 있도록 훈련하는 것이 중요합니다.

'앉아'
혀로 코를 핥으면서 자신의 감정을 표현하고 있음.
(불편하지만 '앉아' 명령어 수용)

앉는 동작의 일반화

제2장

반려견 교육 & 놀이는 어떻게 할까요?

슬기로운 반려생활
- 고마워! 나의 가족이 되어 주어서 -

1. 즐거운 강아지 트레이닝이란?

강아지 교육에 있어 제일 중요한 것은 인내심은 필수, 간단해야 하고요(simple). 재미있어야 하고요(enjoyable). 시간은 짧아야 합니다(short).

가장 많은 시간을 같이 보내고, 앞으로 평생 같이 보내야 하는 보호자야말로 가장 훌륭한 선생님이 될 수 있습니다. 교육시간은 강아지와 보호자에게 서로가 한 가족임을 느끼게 하는 소중한 시간이 될 수 있습니다.

"simple, enjoyable, short"의 원칙과 함께 "thinking training"을 통해 강아지 스스로 생각하며 결정하는, 창의적인 반려견이 되도록 용기를 주어야 합니다.

일상생활에서 습관처럼 생각하는 강아지는 흥분한 상황이나 위험한 상황에서도 차분히 우리의 결정을 기다리게 할 수 있습니다. 보호자는 기본예절을 알려주고, 강아지는 즐겁게 따른다면, 보호자나 강아지 모두 행복한 반려생활을 할 수 있습니다.

무의식적으로 쓰다듬어 주고, 예뻐했던 나의 행동을 바꾸어야 합니다. 그리고 강아지가 스스로 선택하도록 하면 됩니다. 간식을 먹으려면 앉아야 하고, 소파에 올라오려면 얌전히 기다려야 하고, 흥분하면 행동이 통제된다는 것을 알려주면 됩니다.

소파에 올라와서 편히 쉬려면 잠시 바닥에서 기다려야 하고, 흥분하면 마음대로 움직일 수 없으니 얌전히 있어야 한다는 것을 알아가게 됩니다.

• 강아지를 입양할 때 주의점

① 한번 보고 결정하지 말고, 여러 번 보고, 가정집, 전문 사육사 또는 동물 보호소에서 입양하는 것이 좋습니다.
가정집 또는 전문 사육사의 경우, 강아지를 정하고 자주 찾아보고, 입양 전에 이름이 정해졌다면 이름 교육, 이리와 등 교육을 부탁하면 좋습니다.
동물 보호소 강아지의 경우 자주 방문하여 같이 시간을 보내는 것도 좋습니다.

② 온 가족의 동의가 필요합니다. 다른 가족의 도움과 협조가 있어야 합니다.

③ 입양 날짜는 가능하다면 휴일 전날이 좋습니다. 처음 며칠은 많은 관찰이 필요합니다.

④ 건강 상태를 확인하며, 예방접종 관련 기록을 받아야 합니다.

• 반려동물과 살아가는 분들의 장점

반려동물이 교감하며 살아가면, 혈압이 낮아지고, 면역 체계를 강하게 해주고, 옥시토신이라는 호르몬이 분비되고, 스트레스 호르몬의 생성을 억제함으로써 안정감과 편안함을 느낄 수 있도록 합니다. 강아지도 옥시토신이 분비됩니다. 천연 진통제 역할을 하는 베타 엔도르핀(Betaendorphin)과 보상과 사랑의 호르몬, 도파민(Dopamine)의 농도가 높아진다고도 합니다. 또한, 강아지와의 신체접촉은 행복을 느끼게 하는 세로토닌의 분비를 자극한다고 합니다.

"작가인 엘리자베스 M 토마스에 의하면 동물과 눈을 보고 교감하는 가장 좋은 방법은 동물이 다른 모습을 한 사람이라고 생각하는 것이라고 합니다."

- 좋은 전문가와 나쁜 전문가 구별법

좋은 반려견 전문가

① 긍정 강화 교육을 하는 훈련사. 즉 원하는 행동을 하면 먹이나 장난감을 이용해 강아지에게 보상한다.
② 강아지의 건강을 위해 목줄이나 하네스를 사용하며, 사용하라고 권한다.
③ 교육 방법 및 이론을 차분히 설명하고, 강아지 성격과 기질에 맞는 방법을 사용한다.
④ 교육 기간, 교육 시 일어날 수 있는 상황들을 설명해 준다.
⑤ 보호자에게 강아지의 교육 참관을 권한다.
 * 훈련사의 인내심, 공정함, 일관성, 감정 조절 등을 파악하는 것도 중요합니다.

강아지를 존중하는지, 강아지를 단순히 돈을 버는 수단으로 여기는지도 중요한 판단기준입니다.

나쁜 반려견 전문가

① 소리를 자주 지르고, 리드 줄을 홱 잡아당기며, 강아지를 학대하는 행동을 한다.
② 뿔 목걸이(Prong collar), 초크 체인을 사용하며 또 사용하도록 권한다.
③ 훈련하는 동안 보상으로 간식이나 장난감을 사용하지 않는다.
④ 보호자와 강아지에게 겁을 준다(강압적인 분위기, 목소리).

2. 강아지 교육 시 명심보감

착한 행동을 하는 강아지로 만들기 위해서는 다섯 가지를 명심해야 합니다.

① 타이밍이 정말 중요합니다.
② 행동을 요구하거나 신호를 줄 때는 일관성이 있어야 하며, 분명해야 합니다.
③ 예측하지 못하도록 강화의 비율을 조절해야 합니다. 보상의 타이밍과 양을 강아지들이 예측하지 못하도록 해야 합니다.
④ 동기 부여가 적절해야 합니다(예: 간식, 만져주기, 장난감, 놀이 등).
⑤ 강아지의 성격과 기질을 파악해야 합니다.

• 강아지 교육 7계명

1) 이름 부르며 혼내지 말기
2) '이리와' 해서 오는 강아지 혼내지 말기
   이름을 불렀는데 쳐다보지 않을 거 같으면 부르지 말기
   '이리와'를 하는 상황에 반려견이 오지 않을 거 같으면 직접 가서 데리고 오기
3) 혼낼 때 손이나 도구 사용하지 말기
4) 입에 있는 물건 강제로 뺏지 말기
5) 명령어 반복하지 말기
6) 명령어로 지시할 때도 순서 지키기
   이름-명령어-칭찬, 명령어-이름을 부르지 않도록 합니다.
7) '기다려' 명령어를 사용할 때는 이름을 부르지 않습니다.

3. 행동과 감성이 풍부한 강아지

강아지는 심심하면 사고를 칩니다. 무료함을 달래기 위해 무언가를 입에 물고, 소리에 예민해져 짖고, 발이나 꼬리를 깨물기도 합니다. 심심하지 않도록 행동 풍부화를 해주면 좋습니다. 행복한 생활뿐만 아니라, 스트레스 해소 및 문제행동 예방에도 효과적입니다.

환경의 풍부화, 먹이 풍부화, 감각 풍부화, 인지 풍부화, 사회성 풍부화로 나눌 수 있는데요. 물론 이 다섯 가지가 복합적으로 이루어질 수 있습니다.

① 환경의 풍부화입니다.

강아지에게도 환경의 변화를 주는 것이 행동을 풍부하게 할 수 있습니다.

예 매일 산책가는 곳에만 가는 것이 아니라 다른 산책 코스를 만들어 주세요.

② 먹이 풍부화인데요.

다양한 먹거리가 우리를 행복하게 하듯, 강아지에게도 중요한데요(양과 질 모두 중요).

예 매일 먹는 사료가 아니라, 여름에는 보양식을 만들어주어 보세요. 닭고기야채죽, 소고기야채죽 같은 것도 아주 가끔은 아이들에게 식욕을 향상시켜 줍니다.

③ 감각 풍부화입니다.

시각, 청각, 후각 등을 이용하도록 하는 것입니다. 노즈 워크, 터그 놀이, 깨무는 장난감 등을 이용하도록 하는 것입니다.

예 택배박스, 티슈박스안에 간식 숨긴 후 주기

④ 인지 풍부화입니다.

강아지가 생활을 지루해하지 않도록 정신적 자극을 주는 건데요. 강아지는 동종들과 추적 놀이, 싸움 놀이도 하지만 공놀이, 프리스비 등도 좋아합니다. 거기에 감각 풍부화를 겸한 보물찾기 놀이, 수영, 터그 놀이, 기타 장난감 등 강아지가 좋아하는 놀이를 해 줌으로써 지루해하지 않도록 해 주는 것입니다.

⑤ 사회성 풍부화입니다.

다양한 성격과 기질을 가진 친구들과 어울리면서 친구들에 맞추어 지내는 방법을 터득하게 되죠. 강아지의 성격과 기질을 파악 후 반려견 운동장, 산책 모임 등에서 친구들을 만나 사회성을 길러줄 수 있습니다.

예 예의 바른 친구를 만들어 줍니다. 동네에서 만난 예의 바른 친구를 정기적으로 만나 놀게 해주면 좋습니다.

4. 스트레스 없는 강아지

스트레스는 강아지에게 자기 통제력을 약하게 만듭니다. 그전에 하지 않았던 행동을 하게 합니다. 스트레스를 해소하는 가장 좋은 방법은 강아지가 좋아하는 것을 하도록 하는 것입니다.

예를 들면, 달리기, 수영하기인데요. 강아지마다 좋아하는 것이 다르니 보호자께서 찾아서 제공해 주어야 합니다.

우리 사람과 하나도 다르지 않은 거 같습니다. 우리는 안전한 장소와 음식을 제공해 주지만 이것으로 끝난 것이 아닙니다. 이것보다 더 중요한 자유를 느낄 수 있도록 해 주어야 합니다.

특히 달리고 놀 때 강아지는 자유를 만끽합니다. 달리는 강아지의 얼굴에서 행복하다는 것을 느낄 수 있습니다.

1) 스트레스 발생 원인

위협, 고통, 불편함, 놀람 · 보호자 또는 다른 사람이 화내기 · 벌을 받는 경우 · 빠르게 움직이는 물체 또는 사람 · 지속적인 복종 강요 · 과도한 명령어 사용 · 무서운 목소리 · 목에 압박과 고통을 주는 목줄 · 너무 많은 운동 · 산책과 운동 부족 · 배고픔, 갈증 · 배변 구역 없는 것 · 너무 덥다/춥다 · 고통과 질병 · 소음 · 혼자 있는 것 · 과도한 흥분을 유발하는 놀이 · 이사, 편안하게 쉴 수 없는 장소 · 갑작스럽게 무서운 상황(병원, 미용실, 호텔, 유치원) 등

2) 스트레스 해소법

맛난 음식 · 애정이 듬뿍 담긴 칭찬 · 다른 강아지와 놀기 · 신나고 재미난 산책 · 노즈 워크 · 수영하기 · 재미나게 달리기 · 잠자기 · 쉬기 · 부드러운 마사지

5. 강아지와 신뢰관계를 유지하며, 벌 주는 법

벌을 주지 않는 것이 최선이지만, 어쩔 수 없는 상황도 있을 수 있습니다.

원치 않는 행동을 할 가능성을 최대한 줄이고, 원치 않는 행동을 하기 전에 다른 대체 행동을 하도록 교육시켜야 합니다(예: 짖기, 으르렁 대기를 앉는 행동으로).

우리 강아지의 행동 패턴을 관찰하고 이해했다면, 예방하는 것이 최선입니다. 어쩔 수 없이 벌을 주었다면, 화해도 바로 하는 것이 좋습니다. 화해할 때 무언가(예: 앉기)를 시키고 그것에 대한 보상을 주어야 합니다.

① 처벌은 현행범일 때 해야 합니다.

강아지가 원하지 않는 행동을 했을 때, 일정 시간이 지난 후에 처벌을 주는 것은 효과가 없습니다. 자기 행동과 연관 짓지 못하며, 보호자의 감정 및 행동에 연관 짓기도 합니다.

예를 들어 배변 실수를 해서 혼을 내면, 배변이 아니라 흥분한 보호자의 감정과 행동을 진정시키려고 엎드리거나 숨는 행동을 하기도 합니다.

② 처벌은 감정이 개입되지 않은 상태에서 매번 주어야 합니다.

주다가 안 줄 경우 역효과를 초래할 수 있습니다(강한 강화를 시키는 결과).

③ 강아지들이 처벌을 반복적으로 받게 되면 익숙해지므로, 점점 강하게 주어야 합니다.

사람이 강아지들에게 힘을 사용해서 무언가를 시키려 한다면, 어제의 힘 +1의 힘이 필요할 겁니다. 이미 싫은 것을 강제로 당한 경험이 있으니, 조금 저항할 수 있습니다. 내일, 사람이 강아지들에게 힘을 사용해서 무언가를 시키려 한다면, 또 어제의 힘 +1의 힘이 필요할 겁니다. 어제보다 강한 저항을 할 수 있습니다. 매일 매일 아이들에게 더 강한 힘을 쓰셔야 하고, 더 큰 목소리를 내야 할 겁니다. 강아지들이 더 큰 저항을 할 수 있습니다.

④ 처벌은 공격성을 유발할 수 있습니다.

방향이 전환된 공격성이 나타날 수 있습니다. 초크 체인을 사용할 때 처음 몇 번은 참지만, 보호자에게 뛰어들어 물 수 있는데요. 리드 줄을 확 잡아당길 때 보호자에게 점프하며 깨무는 경우가 의외로 많습니다.

⑤ 처벌은 강아지의 몸짓 언어를 숨기게 합니다.

예를 들어 강아지가 으르렁거리거나 입술을 올리는 등의 공격 신호를 보였을 때, 공격성을 줄일 목적으로 처벌을 주면, 강아지는 어느 순간에 갑자기 공격 신호 없이 공격하게 될 수도 있습니다.

⑥ 처벌은 강아지들을 무기력하게 만듭니다.

보상을 잘못하면 교육이 잘 안 되지만, 처벌을 잘못 주면 아이들의 성격과 기질을 바꾸며 만성적인 스트레스로 인한 또 다른 원치 않는 행동을 유발할 수 있습니다.

처벌 줄 때, 의도와는 정반대로 갈 수 있다는 것을 명심해야 합니다. 강아지는 연상을 통해 학습할 수 있으므로 환경, 대상, 사람, 개에 대해서까지 기억하여 무서워하거나 예민해질 수 있습니다. 또한, 그러한 것들을 일반화시킬 수 있습니다.

벌을 주어야 한다면, 현행범일 때 그 순간을 나쁜 기억으로 남게 하는 방식(보호자가 준다는 것)을 가능한 한 눈치채지 못하게 놀라게 하기(예: 책이나 상자 떨어뜨리기), 무시하기, 움직이지 못하게 하는 방법, 놀라게 하는 방법(말은 가능한 한 하지 않으면서 '안 돼', 'No' 등)으로 주어야 합니다.

6. 긍정강화훈련(PRT: Positive Reinforcement Training)이란?

우리가 원하는 좋은 행동을 증가시키기 위해 잘할 때 보상을 주고, 반대로 원치 않은 나쁜 행동을 감소시키는 위해 처벌을 합니다.

좋은 행동을 늘어나게 하면 원하지 않는 행동은 반비례하여 감소시킬 수 있습니다.

- 긍정강화 교육의 장점 - "Thinking together training"

1. 교육 속도가 빠르다.
2. 사람과 동물 간의 신뢰와 교감을 쌓을 수 있다.
3. 강아지가 스스로 생각하고 행동하게 만들며, 오랫동안 기억한다.
4. 실수해도 다시 시작하면 된다. 강아지는 우리의 실수를 오히려 좋아한다.
5. 강아지가 열정적으로 교육에 참여할 수 있다.

7. 기다림, 욕구좌절 참을성이 천재견을 만듭니다.

강아지의 경우, 욕구가 좌절되었을 때 주로 짖거나, 깨물거나, 점프하거나 자기의 의사 표현을 바로 합니다.

강아지가 원하는 것을 요구하기 위해 점프를 하면, 보호자는 자연스럽게 소리 지르며 거부하고 또는 원하는 것을 들어 주기도 합니다. 손으로 막거나 몸으로 막으면 강아지 입이 사람의 신체와 접촉할 때도 있습니다.

강아지는 한번 원하는 것을 가지게 되면, 그때부터는 지속해서 요구할 수 있습니다.

① 실내에서 '기다려'를 확실히 몸에 배도록 해야 합니다.

3초, 5초, 10초, 30초, 1분, 2분, 3분까지 한다면 강아지는 30분도 할 수 있습니다.

이렇게 기다릴 수 있다면 강아지는 인내심, 참을성, 독립심을 키워나갈 수 있습니다. 밥을 먹을 때나, 간식을 먹을 때도 기다릴 수 있는 교육을 꾸준히 해 주어야 합니다.

기다림의 보상은 칭찬이 될 수 있고, 간식이 될 수도 있고, 장난감이 될 수 있습니다.

② 실내에서 연습이 되었다면, 외부로 나가서 연습해야 합니다.

조용한 산책길에서 기다려 교육을 하는 것입니다. 처음에는 짧게 점차 시간을 늘려가면서 해 주어야 합니다. 강아지가 교육을 잘 따라오고 있다면, 보상을 확실히 해 주어야 합니다.

③ 강아지가 좋아하는 운동장이나 수영장에서 교육하는 것입니다.

'기다려' 동작을 하고, 그것에 대한 보상으로 수영을 하도록 한다든지, 간식을 주든지, 공 장난감을 줍니다. 이 자체가 강아지에게는 큰 보상이 될 수 있습니다.

평상시에 이런 '기다려' 교육이 잘 되어있고, 기다린 것에 대해 충분한 보상이 강아지들에게 주어진다면 흥분을 조절하는 능력이 생깁니다.

반려견이 다른 친구들과 노는 중간에 10초~30초 정도 '앉아 – 기다려'를 하도록 한 후, 보상으로 다시 친구들과 놀도록 해주면 아이들이 흥분을 조절하는 능력을 키울 수 있습니다.

'기다려'를 잘하는 강아지들과 하지 못하는 강아지들의 차이는 매우 큽니다. 결국은 우리가 예상하지 못하는 상황에서도 보호자의 말을 집중해서 들을 수 있습니다.

'평상시 기다려 교육'은 사고를 예방할 수도 있습니다. 개들은 자기가 얻으려고 하는 것들에 대한 집념이 있습니다. 이러한 기질을 이용해 보호자들이 교육할 수 있습니다. 조금씩 조금씩 더 참도록 할 수 있습니다.

이 세상에 공짜는 없다는 사실과 무엇을 얻기 위해서는 강아지도 무엇을 해야 한다는 간단한 진리를 알아가도록 해주는 교육이 필요합니다.

• 마시멜로 테스트

미국 스탠퍼드 대학교의 월터 미셸(Walter Mischel) 교수의 연구팀은 유치원 아이들에게 마시멜로를 놓은 상태에서 15분 동안 먹지 않고 기다리게 하는 실험을 하였습니다.
실험하는 방에서 놓여 있는 마시멜로를 바로 한 개 먹을 수 있지만, 15분을 참으면 마시멜로 두 개를 주는 것이었습니다. 대부분 아이가 참지 못하였고, 3분의 1의 아이들만 참고 마시멜로 두 개를 먹을 수 있었습니다. 그리고 10여 년이 지난 후 추적 조사를 하여 성공한 아이들과 그렇지 못한 아이들의 학습능력(SAT)과의 상관성을 연구하였습니다. 참는 아이들의 학업 성취도가 상대적으로 높았다고 합니다. 자기 스스로 행동을 조절하고 욕구를 참는 것이 굉장히 중요하다는 연구 결과를 내놓았습니다.

8. 재미난 기본예절교육

Thinking training, 기본예절 교육은 강아지들을 통제하기 위한 교육이 아니라 신뢰를 쌓아가는 과정으로 교육 시간이 서로에게 즐겁고 행복한 시간이 되어야 합니다.

강아지 스스로 상황에 맞게 생각해서 할 수 있도록, 초기에는 명령어나 지시어를 사용하지 않습니다(Thinking training).

① 목소리 톤을 이용하여 교육의 효과를 극대화해야 합니다.

이름을 부르거나 어떤 동작을 시작하는 것이라면 톤을 고음(파나 솔)으로, 높고 활기차며 명랑한 목소리를 이용합니다. 제어하거나 동작을 멈추게 하는 명령어라면 낮은 저음(레) 톤으로 애정이 담긴 목소리를 냅니다.

② 먼저 강아지가 동작을 완벽하게 익힌 후, 명령어는 덧씌우는 것입니다.

③ 기본예절 교육을 할 때는 강아지의 나이 및 컨디션을 체크하여 시간 조절을 해야 합니다.

- 인내심을 가지고 단계별로 진행해야 한다.
- 강아지가 집중하지 못한다면 잠시 놀게 한 후 다시 교육을 시작하도록 한다.
- 교육 시간은 가능하면 10분을 넘지 않는 것이 좋다.

④ '시간은 내 편이다.'라는 마음가짐이 필요합니다.

⑤ 강아지의 에너지를 읽어야 합니다.

에너지 넘칠 때는 누구나 집중하기 힘듭니다. 강아지는 천성적으로 놀기를 좋아하므로, 놀고 난 후 배가 고파 식사를 하고, 편안하게 쉬다가 잠을 자는 습성이 있습니다.

강아지 교육시간은 강아지가 놀고 난 후 강아지 에너지 배터리가 소모되어 배가 고플 때가 집중하기 쉬운 적기입니다.

1) 이름 부르면 쳐다보게 하기

우리가 강아지 이름을 부르면 쳐다보도록 교육하는 것입니다.

이름은 항상 긍정적인 것으로 느껴지도록 해야 하며, 목소리는 명랑하고 활기차야 합니다.

① 이름을 부른 후 고개를 돌리는 순간이 칭찬의 타이밍입니다.

그리고 빠르게 간식으로 보상해줍니다.

② 강아지가 내 앞에 있다면, 재빨리 몇 걸음 움직이면서 이름을 부릅니다.

그러면 강아지는 자연스럽게 내가 움직인 방향으로 올 것입니다.

이때 '예스'나 '옳지'로 먼저 칭찬한 후 가까이 오면 빠르게 간식으로 보상합니다.

③ 강아지가 이름을 칭찬과 간식으로 연상하도록 반복적으로 연습합니다.

④ 간식은 간헐적 보상으로 바꾸어 주어야 합니다.

그래야 우리에게 언제 나올지 모르는 기대감으로 더욱더 간절히 쳐다볼 것입니다. '이름 부르기' 교육은 다른 기본예절 교육을 위해 반드시 교육해야 합니다.

이때 주의해야 할 점은 이름 부르기 교육 중에는 강아지가 우리를 쳐다볼 거라고 확신한 상태에서 이름을 불러야 합니다.

주변 상황이 산만하고 집중하지 못하는 상황에서 쳐다볼 확률이 낮다면 이름을 부르지 말아야 합니다. 또한, 반복적으로 이름을 부른다면 강아지에게 자기 이름을 무시하도록 만들 수 있습니다.

예를 들어 이름을 부르고 혼을 내거나, 반복적으로 이름을 부른다면, 강아지는 앞으로 이름을 부를 때 다른 곳을 보거나 우리 곁에 있으려 하지 않을 것입니다.

이름은 하나여야 합니다. "필립", "필립아", "필립이"는 다른 이름으로 느낄 수 있습니다. 이름 부르는 모든 사람이 한 가지로 이름을 불러야 하며, 가능하다면 그 톤도 일관성이 있어야 합니다.

사람의 표현방식으로 강아지들을 혼내기도 하고요. "필립, 누가 짖으래!", "앙리, 누가 오줌 여기다 싸래!"

이름 부르며 혼내지 말아야 합니다. 지금까지 쌓아온 신뢰를 깨는 것입니다. 우리가 흥분해서 목소리를 높이고, 반복적으로 명령어를 사용하고, 갑자기 리드 줄을 확 잡아채는 순간, 지금까지 쌓아온 교육의 결과가 원점으로 돌아갈 수 있습니다. 신뢰 쌓기는 오랜 시간이 필요하지만, 무너뜨리는 것은 한순간입니다.

2) 앉기(Sit)

교육의 목표는 강아지가 우리를 볼 때마다 스스로 앉는 것입니다. '앉기'는 강아지의 카밍시그널 중 하나이고요. 이 동작을 함으로써 강아지는 흥분을 조절할 수 있으며, 다른 강아지에게 편안함을 느끼게 하여 예의 바른 강아지라는 인식을 심어줄 수 있습니다.

앉기 연습은 실내에서부터 완벽하게 한 후 방해 요소가 있는 장소로 옮겨가면서 연습하도록 합니다. 먼저 강아지의 이름이나 명령어는 사용하지 말아야 합니다.

① 간식을 보여주고 코 앞으로 가져갑니다.
② 간식을 코 앞에서 머리 위로 서서히 직각으로 올립니다. 이때 강아지는 간식을 향해 머리를 들게 되고, 자연스럽게 엉덩이는 내려가며 바닥에 붙이게 됩니다.
③ 강아지의 엉덩이가 앉기 시작하는 순간에 칭찬과 함께 간식을 재빨리 줍니다.
④ 같은 자리에서 하지 말고, 자리를 옮겨 가며 연습을 합니다. 이제 앉기 동작이 만들어진 것이고요. 이제부터 강아지가 생각하도록 만들어야 합니다.
⑤ 간식을 보여주고 강아지 앞에 서서 기다립니다. 강아지가 간식을 얻기 위해 생각할 것입니다. 강아지가 스스로 우리의 의도를 파악할 때까지 조용히 서서 기다립니다. 간식을 달라고 짖거나 점프할 수 있습니다. 이때 몸을 이용해 등을 돌리거나, 밀거나 무시해야 합니다. 손을 쓰거나 '안 돼'라는 말을 사용하지 않습니다. 이때 가능

한 도도한 자세로 서서 시선을 마주치지 않으며 서 있어야 합니다.

⑥ 이때 강아지가 스스로 생각해서 앉게 되고, 앉으려고 엉덩이가 내려가는 순간 폭풍 칭찬과 함께 간식을 재빨리 줍니다.
강아지는 이제 앉는 것과 간식을 연상할 것입니다. 강아지가 다시 우리를 쳐다보며 앉을 때 빨리 보상을 해 줍니다.

⑦ 이제 움직이면서 '쭈쭈' 소리로 관심을 끌고, 우리 앞에 얌전히 앉으면 '옳지'와 함께 간식을 신속하게 줍니다. 이때 '쭈쭈' 소리에 관심을 두지 않는다면, 그냥 기다립니다.

⑧ 능숙해졌다면 명령어를 엉덩이가 내려가는 순간에 '앉아'라고 씌웁니다.

하지만 가능하다면 명령어 '앉아'를 최대한 자제합니다. 강아지는 무언가 우리에게 원하는 것이 있다면 습관적으로 예의 바르게 앉아야 하며, 필요한 것이 있을 때는 자동 반사적으로 앉는 것을 배우게 된 것입니다.

또 우리가 무엇을 원하는지 모를 때, 어떻게 해야 할지 모를 때 강아지는 앉게 될 것입니다. 강아지가 간식을 먹기 위해서는 앉아야 한다는 것을 알았다면, 이제부턴 간헐적 보상으로 강화해 주어야 합니다.

강아지가 우리에게 집중하고 얼굴을 보고 있을 때 칭찬과 함께 간식으로 보상해 주어야 합니다.

무언가를 해야 간식, 장난감, 터칭, 칭찬을 받을 수 있다. 이제 강아지는 '짖거나, 점프하거나, 서 있는 상태에서는 보상을 받지 못한다'라는 것을 연관 지을 수 있게 되었습니다.

강아지 스스로 조절하는 방법을 배우게 되는데요. 흥분해서 짖거나 점프하는 것을 예방할 수 있으며, 행동 교정에도 사용할 수 있습니다.

다음과 같은 상황에서 '앉아'를 연습하도록 합니다.
- 산책하러 나갈 때
- 현관 앞에서
- 차에서 오르고 내릴 때
- 가족이 외출 후 돌아왔을 때
- 손님이 방문했을 때
- 식사 전
- 놀이가 시작되기 전
- 터칭을 해주기 전

• "얼음 땡 놀이"

– 앉기가 능숙하게 되었을 때 실내에서 자리를 옮겨 가면서 앉기 교육을 합니다. 재빠르게 움직여야 하고요. 그러면 강아지도 집중하면서 앉는 동작을 자연스럽게 할 것입니다.

– 이때도 강아지가 엉덩이를 앉으러 내려가 바닥에 앉는 순간에 칭찬하고 간식으로 보상해줍니다.
실내에서 얼음 땡 놀이를 능숙하게 한다면, 이제 외부로 나가 이 놀이를 합니다.

– 속도를 바꾸어 가며, 전후좌우 방향을 바꾸어 가며 이 놀이를 하고요. 자전거나 오토바이를 쫓아가거나 아이들에 달려들거나, 짖는 강아지, 고양이나 비둘기에게 달려가는 강아지들에게 미리 얼음 땡 놀이를 시작합니다.
걷는 속도, 움직이는 속도도 조절하고요. 아마도 다른 것에 신경 쓰지 않고 오직 우리의 눈과 행동에 집중하게 될 것입니다.

– 명심해야 할 점은 강아지가 먼저 발견하기 전 놀이가 시작되도록 해야 합니다. 강아지가 먼저 발견할 수도 있지만, 그렇다 하더라도 우리에게 집중하도록 한 후 놀이를 시작하면 됩니다.

3) 엎드려(down)

강아지에게 엎드려 동작은 가장 편안한 자세입니다. 이 동작은 강아지 언어인 카밍시그널의 하나로 상대방 강아지에게 '나는 예의 바른 강아지야'라고 알려줌으로써 상대방 강아지에게 편안함을 주는 자세입니다.

또한, 흥분한 상대 강아지에게 '너는 흥분했으니 진정해'라고 하는 신호를 주는 행동이기도 합니다. 에너지가 넘치거나, 흥분해서 점프하는 강아지가 스스로 조절하게 함으로써 자신을 진정시키는 방법을 알려 주는 것입니다.

'엎드려' 동작이 완벽하게 된 경우 강아지의 경계성 짖음 또는 학습된 짖음을 예방할 수 있습니다. 소리도 작을 뿐 아니라 이미 몸과 마음이 편안한 상태이므로 상황을 평범하게 인지하고 별거 아닌 것처럼 받아들일 수 있기 때문입니다.

① '앉아'를 시킵니다.
② 간식 쥔 손을 코앞에 두고 강아지가 관심을 보이도록 합니다.
③ 간식을 바닥을 향해 간식을 천천히 내리면, 강아지는 간식을 따라 고개를 숙이고 앞발을 구부리면서 코가 바닥 근처로 내려와 앞에 있는 간식을 먹으려 할 것입니다. 이때 조금씩 먹도록 합니다.
④ 강아지 코가 바닥에 닿을 정도가 되면, 간식을 든 손을 천천히 자신의 앞쪽으로 당겨 강아지로부터 조금씩 멀어지게 합니다.
이때 강아지가 포기해서 앉지 않도록 간식을 조금씩 맛보도록 합니다.
⑤ 강아지가 간식을 먹기 위해 앞다리를 펴면서 자연스럽게 몸을 낮추

며 엎드리게 되는 순간 칭찬과 함께 간식을 빠르게 줍니다. 추가 보상을 주어도 좋습니다.

⑥ 완벽하게 익숙해지도록 연습합니다. 지금까지는 명령어를 사용하지 않았습니다.

⑦ 이 동작이 익숙해진 후 앉아 동작에서 다리를 앞으로 뻗고 가슴과 배가 바닥으로 내려가는 동작을 시작할 때, '엎드려'라는 명령어를 덧씌웁니다.

⑧ 이 신호를 실내에서 반복적으로 연습합니다. 한 곳에서 하지 말고, 실내의 장소를 바꾸어 가면서 연습합니다.

⑨ 외부로 나가 연습하는데, 먼저 조용하고 인적이 드문 곳에서 연습하고, 점차 다양한 환경에서 연습하도록 합니다.

처음에는 '앉아'에서 '엎드려'로 하지만, 바로 엎드려 동작을 연습해야 합니다.

앉기 동작과 엎드려 동작이 되었다면, 산책 중간에 이 동작을 연습하도록 합니다. 강아지 자신도 편해지고, 다른 강아지도 우리 강아지를 예의 바른 강아지로 인식하게 만드는 자세입니다.

• 캡쳐링(capturing)

강아지가 무의식적으로 어떤 동작을 하는 순간마다 포착해서 보상을 해주면, 강아지는 자연스럽게 그 행동을 하게 된다. 이렇게 어떤 동작을 포착해서 그 동작을 하도록 만드는 기법을 캡쳐링이라 한다. 앉기나 엎드리기 동작을 할 때 칭찬하고 보상해 주면 자연스럽게 동작과 보상을 연결 지을 수 있게 된다.

쭈쭈!
!

앙리!
네?!

앉아

4) 기다려(stay)

강아지가 '앉기'와 '엎드려' 동작을 익힌 상태에서 시작합니다.

이 교육의 목표는 보호자가 허락할 때까지 강아지가 움직이지 않고 얌전하게 기다리게 하는 것인데요. 이 교육을 통해 참을성, 인내심, 독립심을 쌓을 뿐 아니라 보호자와 신뢰 관계를 깊게 만들 수 있습니다.

이 교육을 통해 분리불안, 짖기, 점프하기를 예방하고 교정할 수 있습니다.

① 먼저 집중할 수 있는 실내에서 강아지에게 '앉아'를 시킨 후 정면에 서기
② 한 손으로 간식을 쥔 다음, 강아지에게 보여주기
③ 강아지에게 나머지 한 손의 손바닥을 보여주고 한 걸음 뒤로 물러나면서 '기다려'라고 말하기

강아지가 움직이면 다시 강아지 앞에 서서 '앉기' 동작을 하도록 합니다.

④ 얌전히 앉아서 기다리면 강아지 앞으로 한 걸음 다가와 '옳지'라고 칭찬하고 손에 있던 간식을 재빨리 주기
⑤ 다음 단계는 강아지를 정면에 두고, 손바닥을 보여주며 '기다려'라고 말을 한 후 두 걸음 뒤로 물러서기
⑥ 얌전히 기다리고 있다면 다시 강아지 앞으로 다가와 칭찬과 함께 간식 주기
⑦ 처음 성공했다면 성공 확률이 높으므로, 반복해서 연습하기

'기다려' 동작은 '이리 와' 동작과 연결해야 하므로 확실하게 교육해야 합니다.

'이리 와(recall)' 교육은 전문가들도 제일 어렵다고 느끼는 교육입니다.

목소리는 언제나 밝고 경쾌해야 합니다.

① 먼저 실내에서 이름을 부르거나 '쭈쭈' 소리를 냅니다. 강아지가 쳐다볼 때 '이리 와'라고 부르기

② 강아지와 시선이 마주친 후 강아지와 반대 방향으로 두세 발을 움직이기

이때 시선은 강아지와 유지하며, 무릎, 엉덩이, 어깨는 반대쪽으로 향해 있어야 합니다.

③ '이리 와' 명령 후, 강아지가 첫발을 내디디고 달려오는 순간 칭찬합니다.

④ 강아지가 앞에 오면 칭찬한 후 간식으로 보상합니다.

⑤ 강아지가 오지 않는다면, 리드 줄을 채운 후 '이리 와'를 한 후 살짝 당겨 강아지를 오도록 한 후 칭찬과 함께 간식으로 보상합니다.

⑥ 실내에서 연습한 후 야외에서 연습합니다.

먼저 긴 리드 줄을 채운 후 강아지가 편하게 움직이도록 합니다. 강아지가 다른 곳에 집중하고 있을 때 이름을 부르며 '이리 와'라고 말합니다.

강아지가 쳐다보고 다가올 때 시선을 맞춘 다음 반대 방향으로 2~3걸음 움직이면서 칭찬합니다. 다가오면 간식을 줍니다.

⑦ 강아지가 집중하지 않는다면, 리드 줄을 살짝 당겨 강아지가 오도록 합니다.

⑧ ‘기다려’가 되는 강아지라면 ‘기다려’를 시킨 후 보호자에게 오도록 ‘이리 와’를 합니다. 출발할 때 칭찬하고 다가오면 간식으로 보상합니다.

⑨ 얼음 땡 놀이처럼 ‘이리 와’ 놀이를 하는 것도 좋은 방법입니다.

‘엎드려-기다려’ 자세

5) 놔둬(leave it)

길거리에서 주워 먹는 강아지, 장난감, 먹이, 간식, 영역 소유욕을 가진 강아지에게 욕구를 스스로 조절하는 능력을 키워주어, 음식, 장난감, 신발, 핸드백 등 사물에 대해 건들지 말라고 알려주는 명령어입니다.

① 실내에서 간식을 들고 강아지 앞에 앉아서 기다립니다.

② 강아지 옆이나 앞에 간식을 두고, 강아지가 먹지 못하도록 손으로 막습니다.

이때 강아지가 먹으려고 다가오면 간식을 방어해야 합니다.

③ 시간이 지나 강아지가 게임의 규칙을 알게 되어, 얌전히 강아지가 앉아 기다리면 간식을 먹도록 합니다.

④ 이런 동작이 완벽하게 된 후에 '놔둬' 하고 간식을 놓은 후 강아지가 앉으면 그때 간식을 주며, 지시어는 행동이 만들어진 후 씌운다는 생각을 가져야 합니다.

⑤ 실내에서 반복적으로 연습한 후 조용한 야외 또는 방해물이 있는 곳에서 교육하면 됩니다.

• 다른 방법

① 강아지를 앞에 세워 놓고 사람은 서서, 사람 등 쪽으로 간식을 던져 놓고요. 강아지가 달려들어 먹으려고 할 때, 강아지가 접근해서 먹지 못하도록 막아야 합니다.

② 강아지가 스스로 앉아서 기다릴 때까지 지켜야 합니다.

③ 강아지가 앉으면, 간식을 직접 먹도록 합니다.

④ 강아지가 게임 규칙을 알게 될 때까지는 명령어를 사용하지 말아야 합니다.

만약 실내에서 손으로 '놔둬' 교육이 되었다면, 훨씬 쉽게 할 수 있습니다. '놔둬' 교육도 꾸준한 연습이 필요합니다.

'기다려'와 '놔둬'는 완전히 다른 개념의 교육입니다.

6) '찾아'

노즈 워크 놀이를 하고, 찢기 놀이를 하는 강아지들에게 '찾아' 단어를 알려주면서 다양한 놀이와 교육을 할 수 있습니다.

① 못 쓰는 종이를 잘라 간식을 넣고, 또는 종이컵에 간식을 넣어, 강아지에게 '기다려'를 시킨 후 간식을 감싼 종이를 숨깁니다.

② '찾아'라는 명령어를 알려 줍니다. 이때 방향을 알려주는 수신호를 사용해도 좋습니다.

첫 단계에서는 쉬운 곳에 감추어야 합니다. 보이는 곳도 상관없습니다. 강아지가 잘 찾아 간식을 먹으면 칭찬을 해주고 간식을 추가로 주어도 됩니다.

'기다려'를 통해 참을성을 배울 수 있고요. 그리고 후각과 시각을 이용해 인지 풍부화를 해 줄 수 있습니다. 보물찾기처럼 강아지들이 열심히 찾아다닐 겁니다.

• 필통 놀이

강아지가 스스로 보호자에게 자신이 해결하지 못하는 필통을 줌으로써 신뢰를 쌓을 수 있고, 참을성을 길러 주고, 소유욕도 줄일 수 있습니다.

① 튼튼한 필통에 간식을 넣는 것을 보여 주고, 냄새를 맡게 합니다.

② 냄새를 맡게 한 후 필통을 닫고, 강아지에게 '기다려'한 후에 보이는 곳에 둡니다.

③ '오케이'나 '가져와'를 합니다.

④ 강아지가 필통에 어떤 동작을 하나요? 아마도 무언가의 동작을 할 것입니다. 수단을 가리지 않고 먹으려고 할 겁니다. 필통이 열리면 안 됩니다.

⑤ 포기하고 보호자에게 가져오면 칭찬합니다. 그리고 필통을 열어주고 간식을 스스로 먹게 합니다.

⑥ 만약 포기하지 않고 계속 먹고자 하면, 옆에 가서 손바닥을 펼칩니다. 강아지가 입을 이용해 손바닥에 필통을 놓으면, 칭찬하고 필통을 열어 간식을 줍니다.
⑦ 야외에서도 해보세요. 정말 좋아합니다.

• **눈치 게임**

강아지와 친해지고 신뢰도 쌓이고, 서로의 생각을 알아보는 게임입니다.
① 아무 말도 하지 않고, 그냥 간식을 들고 강아지 앞에 선다.
② 만약 '앉아'를 하면 간식을 주면서 칭찬을 한다.
③ 다음 자리를 조금 이동한 후 서서 기다린다. 강아지가 앉으면 이번에는 아무 말 없이 고개를 돌리며, 무시하면서 강아지가 무언가 하기를 기다린다.
④ 강아지가 어떤 동작을 할까? 아마도 무언가의 동작을 할 것이다.
⑤ 예상하는 동작을 하면 간식을 주면 된다.
⑥ 만약 '엎드려'를 하면 폭풍 칭찬과 간식을 주면 된다.

제3장

바른 산책 예절을 키워주세요!

슬기로운 반려생활
- 고마워! 나의 가족이 되어 주어서 -

1. 편안한 산책을 위한 패턴 트레이닝

패턴 트레이닝은 어린 강아지, 성견, 문제행동을 보이는 개들이 다양한 자극, 즉 장애물들이 있는 환경에서 안정적으로 집중하도록 하는 훈련 및 행동교정법이라고 할 수 있습니다.

패턴 트레이닝 - 매트

1) 패턴 트레이닝(pattern training) - 매트

핸들러는 강아지의 이름을 불러 집중시킨 후 시선을 이끌어내며 , '매트(mat)'로 이동하며 매트 위에 도달하였을 때 "매트"라는 명령어와 함께 매트 위로 올라가도록 합니다. 매트는 방석, 켄넬 등과 기타 장소를 이용할 수 있습니다.

- **준비물**: 매트, 간식, 리쉬

① 간식을 이용해 루어링을 한다. 이때 개가 집중하여 핸들러에게 시선을 맞추면서 걷도록 리를 한 상태로 걷기

② 개가 자연스럽게 간식을 따라 이동하여 '매트'라고 한 후, 매트 위로 올라가면 칭찬과 함께 간식을 매트 위에 올려놓아 주기

③ 이러한 동작을 반복하여 매트 위에 올라가도록 연습하기

④ 매트 위에 올라가는 것이 익숙해지면 매트 근처에 가면 '매트'라는 명령어를 하고 그 위에 올라가도록 하기. 올라가면 칭찬과 함께 간식으로 보상하기

⑤ 매트 위에서 '앉아', '엎드려', '서', '기다려'를 응용하여 연습하기

- 훈련 마친 후에는 개가 다시 훈련에 참여할 수 있도록 보상을 충분히 합니다.
  '매트'라는 명령어에 익숙해지면 간헐적 보상으로 전환하여 연습합니다.

매트 트레이닝을 통해 짖는 강아지, 과도하게 흥분하는 강아지, 분리불안 강아지를 행동 교정하거나 문제행동을 예방할 수 있습니다.

• 견종별 적절한 산책 횟수 및 시간

① 시츄, 퍼그, 패키니즈, 몰티즈, 치와와, 비숑프리제, 포메라이언 등 활동성이 보통인 강아지, 하루 1~2회/회당 20~30분

② 푸들, 웰시코기, 요크셔테리어, 셔틀랜드 쉽독, 코카스패니얼 등 활동성이 왕성한 강아지, 하루 1~2회/회당 30~40분

③ 테리어그룹, 허딩그룹, 사역견 그룹 등
활동성이 아주 왕성한 강아지, 하루 1~2회/회당 40분~1시간

2) 패턴 트레이닝 - 폴 또는 고깔

- **준비물**: 폴 또는 고깔(10개), 간식, 리쉬, 10개의 폴을 일렬로 1.5m 간격을 세워 놓기

① 간식을 이용해 루어링을 하기. 이때 개가 집중하여 핸들러에게 시선을 맞추면서 걷도록 리드를 한 상태로 걷기

② 개가 자연스럽게 간식을 따라 이동하여 첫 번째 폴에 도착하면 이름을 부른 후 폴 근처에 간식을 노아 먹도록 하기

③ 10개의 일렬로 세워 놓은 폴에서 두 번째, 세 번째, 네 번째 폴에 순서대로 ②와 같은 방법으로 이름을 부른 후 간식을 주고 이러한 동작을 반복하여 폴 옆에 간식을 노아 먹도록 하기

④ 개가 핸들러에 집중하여 따라오며 간식에 집중하도록 반복하여 연습하기

⑤ 일정 연습이 되면 개는 핸들러를 자연스럽게 쳐다보며 걸을 수 있도록 하기

⑥ 일정 기간 연습 후 간식을 주고 위치를 첫 번째 폴에서 간식을 주

고, 세 번째 폴에서 주기. 그 다음에는 5번째 폴, 그 다음은 7번째 폴, 9번째 폴에서 간식을 주기

⑦ ⑥을 연습한 후 핸들러는 개에게 간식을 첫 번째 폴, 네 번째 폴, 7번째 폴, 10번째 폴 순서로 간식을 불규칙적으로 간식을 주기. 이때 개는 핸들러를 집중하여 같이 걷도록 연습하기

⑧ ⑦을 충분히 연습한 후 리쉬를 풀어 자연스럽게 핸들러와 편안히 걷도록 연습하기

- 훈련 마친 후에는 개가 다시 훈련에 참여할 수 있도록 보상을 충분히 합니다.

폴 트레이닝을 통해 공격행동을 보이는 강아지, 짖는 강아지, 과도하게 흥분하는 강아지, 분리불안 강아지를 행동 교정하거나 문제행동을 예방할 수 있습니다.

패턴 트레이닝 - 폴(pole) 또는 고깔

3) 테이블 훈련(table training) - 포지션 훈련

핸들러는 개의 시선을 이끌어 내며 포지션으로 '테이블(table)'로 이동하며 테이블에 도달하였을 때 "테이블"이라는 명령어를 따르도록 하는 훈련입니다. '따라' 포지션 훈련 후에 '테이블'이나 '매트' 기타 장소를 지시하며 따르도록 하는 훈련입니다.

- **준비물**: 테이블, 간식, 리쉬

① 간식을 가지고 테이블로 이동한다. 이때 개가 집중하여 핸들러에게 시선을 맞추면서 걷도록 리쉬를 한 상태로 걷기

② 개가 테이블이나 매트에 올라갈 수 있도록 반복하여 훈련하기

③ 명령어는 나중에 씌우기(동시에 명령어를 하는 경우도 가능)

④ 테이블에 올라가는 것이 익숙해지면 테이블에 도착하면 "테이블"이라는 명령어를 하고 그 위에 올라가도록 하기. 올라가면 칭찬과 함께 간식으로 보상하기

⑤ 테이블 위에서 '앉아', '엎드려', '서', '기다려'를 응용하여 연습하기

훈련 마친 후에는 개가 다시 훈련에 참여할 수 있도록 보상을 충분히 합니다.

* 테이블 포지션 훈련을 할 때에는 개가 포지션을 긍정적으로 생각하도록 만드는 것이 중요합니다. 따라서 개가 식사전 간식을 이용해 개가 자발적으로 훈련에 참여할 수 있도록 동기부여를 하는 것이 중요합니다.

테이블에서 앉아(sit) / 엎드려(down)/ 진 테이블 위에서 서(stand) / 기다려(wait)

4) 행동조정훈련(Behavior Adjustment Training)

개가 스스로 선택할 수 있도록 하는 훈련방법입니다. 개가 스스로 선택한다는 것은 개가 자극에 대해 탐색을 하거나 피할 수 있는 선택권을 주어 스스로 긴장을 완화할 수 있도록 한다는 것입니다.

다른 개나 사람에게 두려움, 공격성, 예민하게 반응하는 개를 행동교정하는 데 효과가 있습니다.

개가 다른 개나 사람에게 공격적인 반응을 보인다면, 개가 자극에 대해 가벼운 반응을 보이는 떨어진 곳에서 일반적인 두려움 또는 공격적인 반응 이외의 다른 행동 하기를 기다립니다.

① 개가 주위를 두리번거리거나, 땅 냄새를 맡는 등 그 순간 새로운 행동을 하게 되면 “표시(mark, 클리커, 기능적 보상)”를 합니다.

② 개에게 간식을 주어 2차 보상을 합니다.

③ 개가 스스로 선택하여 그 장소를 떠납니다.

④ 이러한 상황을 반복하여 연습하여 개가 기존에 보였던 행동을 수정하도록 하는 방법입니다.

예 1 개가 사람들에게 공격적인 행동을 보이면 사람들은 자리를 피하는 행동을 합니다. 이러한 피하는 행동이 개에게는 기능적 보상이 되어 반복적인 행동을 하게 되는 원리입니다.

예 2 개가 리드줄(leash)을 자신이 가고자 하는 방향으로 강하게 끌고, 보호자가 개가 가고자 하는 방향으로 움직인 경우, 움직임 자체가 보상이 됩니다.

개가 관심을 구하는 행동(낑낑거림, 짖음, 핥음 등)을 지속적으로 보호자에게 '요구'하는 것을 들어주었기 때문에 발생합니다. 이 경우 '요구의 수용'이 결국 기능적 보상이 됩니다. 기능적 보상을 통해 개가 환경을 통제할 수 있다는 것을 학습하게 됩니다.

따라서 개에게 기능적 보상이 되는 것에 대한 파악이 매우 중요합니다.

예 공격성향 개의 행동교정

① 개가 다른 개를 보고 공격적인 반응을 보인다면, 개가 반응하지 않는 거리에서 리드줄(leash)을 최대한 느슨하게 하여 개가 탐색활동을 자연스럽게 선택하여 하도록 해주어야 합니다(leash skills).

② 다른 개와 보호자를 행동조정훈련 set-up을 할 때, 5m 정도의 목줄을 채우고 다른 개와의 거리를 30m 거리에서 다른 행동을 하도록 시나리오를 구성합니다.

③ 도우미견(다른 개)과 보호자와 의사소통을 할 수 있도록 하며, 개가

공격성을 보여 물 수 있는 것을 대비해 개에게 입마개를 착용하는 훈련을 시켜야 합니다(set-ups).

④ 그리고 개가 다른 행동 즉 냄새를 맡거나 다른 방향을 쳐다보고 현장을 떠나려고 한다면 표시를 하고 자리를 이동한 후 간식으로 보상합니다(mark and move).

• **행동조정훈련**

구분	일반적인 상황	새로운 시나리오
환경 큐(cue)	다른 개	개가 반응하지 않는 거리의 다른 개
행동	공격적인 반응	개가 다른 개를 본 후, 옆을 보거나, 냄새를 맡는 등의 다른 행동을 할 때까지 기다림
기능적 보상	다른 개와 보호자가 떠남으로써 공격적인 반응을 보인 개의 상황이 종료한다.	다른 행동을 하고 자리를 돌아서서 현장을 떠나는 것을 표시(mark)를 하고(기능적 보상), 개에게 추가로 간식을 보상을 한다(두 번째 보상).

5) 평행산책(parallel walking)

다른 개나 사람에게 예민한 강아지, 다른 강아지에게 공격행동을 보이는 강아지에게 편안하게 산책을 하도록 하는 산책방법입니다. 카밍시그널 중에 커빙(curving)을 통해 상대방에게 적의 없음, '나는 너를 공격하지 않아', '나는 예의가 있는 강아지야'라고 표현하는 커빙동작과 중간에 보호자가 끼워들어 양쪽의 개들에게 편안함을 주는 산책방법입니다.

예 공격성향을 보이는 강아지

- 준비단계: 헬퍼독, 간식, 리쉬(리드줄)
- 준비상황: 헬퍼독의 핸들러와 공격성향을 가진 개와 사이에는 보호자와 핸들러가 벽을 만들어 걸어갑니다.

① 공격성향을 보이는 개에게 에너지를 소비할 수 있도록 산책과 운동을 사전에 충분히 시키기

② 산책과 운동 후 개가 간식이나 물을 마시는지 체크하기
(간식이나 물을 마시지 않는 개의 경우, 흥분상태, 산만한 상태입니다. 간식에 대한 반응을 가질 수 있는 맛난 간식을 준비합니다.)

③ 도우미견(헬퍼독)과 공격성향을 보이는 개와 반응을 보이지 않는 거리에서 서로 볼 수 있도록 하기

④ 반응을 하지 않는다면 점차 거리를 좁혀가면서 같은 방향을 걸어가기

예 서로 간의 간격이 30m에서 반응이 없다면 20m로 좁히고, 점차 10m, 5m, 3m, 2m로 좁히며 산책을 합니다.

⑤ 반응하지 않는다면 거리를 좁히면 되고, 도우미견에 반응을 보인다면 다가가지 않도록 통제를 하면서 간식으로 보호자에게 집중하도록 유도하기

⑥ 거리를 좁혀갈 때는 반드시 보호자와 헬퍼독의 핸들러는 개들 사이에 들어가 산책을 진행하기. ①~⑥을 충분히 연습하기

⑦ 같은 방향으로 산책에서 편안하게 산책하는 단계가 되면, 서로 반대방향에서 시작해 중간에서 서로 바라볼 수 있도록 산책 연습하기. 최초 거리는 반응을 보이지 않는 거리에서 시작해 점차 거리를 좁히며 산책 연습하기

제4장

고쳐주고 싶은 행동

슬기로운 반려생활
- 고마워! 나의 가족이 되어 주어서 -

장난감에 집착하여 엄빠에게 화내는 강아지

• 고쳐주고 싶은 행동을 하는 강아지들의 공통점

① 민감도 높다(밥그릇, 장난감, 잠자리, 신체 부위).
② 복종훈련 수준이 낮다.
③ 개의 특성에 맞지 않는 부적절한 훈련방법 및 행동교정방법을 사용한 경험이 있거나 사용하고 있다.
④ 보호자와 개와의 상호작용(활동)이 부족하다.
⑤ 산책이나 운동이 부족하다.
⑥ 보호자가 반려견의 특성과 기질 파악이 부족하다.

아이들마다 성격과 기질이 다릅니다. 같은 증상을 보인다고 해서 같은 방법을 사용하는 경우 역효과가 나타날 수 있습니다. 공격성향, 짖음은 전문가의 도움이 필요할 수 있습니다.

1. 썰매 강아지, 리드 줄을 물거나, 끄는 강아지

• 핸들링 기법

강아지들은 방향 전환을 할 때 머리부터 옮기고, 몸통과 다리를 움직여 전환합니다. 결국, 강아지의 머리를 보호자 방향으로 돌리고 집중하도록 하는 것이 우선입니다. 그래야 보호자가 가고자 하는 방향을 알게 되니까요.

강아지는 우리의 머리, 어깨(몸통), 허리(엉덩이), 무릎을 봅니다.

초기에는 원하는 방향으로 전환을 할 때는 조금은 큰 동작으로 방향 전환을 하세요.

① 개의 리드 줄이 팽팽해지려는 순간, 또는 팽팽해지면 핸들러는 반드시 서서 멈추어야 한다.

② 개가 이때 아무 말 없이 나무나 기둥처럼 서 있어야 한다.

③ 개가 등이나 목이 불편해서 뒤로 돌아볼 것이다.
이때 칭찬한 방향을 핸들러가 정해 움직인다.

④ 개가 리드 줄을 끌지 않고 얌전히 따라서 오면 칭찬한다.

⑤ 실내에서부터 연습한 후 실외에서 연습한다.

2. 분리불안(separation anxiety)

분리불안의 원인으로 1) 보호자와의 과도한 애착과, 2) 유전적 소인으로 발생하는 것으로 보고되고 있습니다. 가족 구성원의 변화, 일상 생활 환경의 변화 등 특정 환경에 놓이면 분리불안이 발생하거나 심각해질 수 있습니다.

1) 증상

① 대소변을 못 가린다.
② 지속해서 짖거나 하울링을 한다.
③ 파괴적 행동을 한다(씹기).
④ 측대보를 한다(pacing).
⑤ 물이나 음식을 먹지 않는다.
⑥ 자신의 발을 핥거나 상처를 입힌다.
⑦ 식분증과 같은 이상행동을 보인다.
⑧ 보호자를 하루종일 졸졸 따라다닌다.

2) 행동치료

① 행동수정법

보호자가 없을 때 좋은 일이 벌어진다는 것을 알려주는 방법입니다.

예 혼자 두고 나갈 때 오래 먹을 수 있는 뼈 간식 같은 맛있는 음식을 주고 나간다. 즉 혼자 있을 때 좋은 일이 일어나고 긍정적인 감정을 느끼게 하는 것이다.

외출 후 돌아왔을 때 개는 흥분하여 호흡도 빨라지고, 짖거나, 다리에 매달리거나 하는 행동을 했을 때 절대 안아 주거나, 만져주거나, 말을 걸거나, 눈을 마주쳐서 아는 척을 하지 말아야 합니다. 무시해야 합니다.

개의 호흡이 평상시와 같이 되돌아오고, '앉아 – 기다려' 후에 보상을 해주면 됩니다.

② 약물요법

분리불안이 심한 경우, 개 스스로 심각한 상처를 입히는 경우도 있습니다. 행동수정법의 보조요법으로 약물치료를 병행할 수 있습니다. 분리불안 치료 경험이 있는 수의사에게 진료를 받도록 합니다.

③ 기본 훈련

켄넬교육을 시켜 자신만의 편안한 공간을 만들어 주어 그곳에서 쉴 수 있도록 합니다.

④ 관리기법

㉮ 외출 전 개가 전조증상을 보입니다. 따라서 개의 전조증상을 완화시키는 것이 필요합니다. 분리불안을 보이는 개의 경우 보호자가 옷을 갈아입거나, 자동차 키를 들거나 등의 외출 준비를 하는 순간부터 불안해지며 생리학적 변화와 행동학적 변화가 일어납니다. 호흡도 빨라지며 졸졸 따라다닙니다. 따라서 개가 짐작하여 판단한 내용이 필요하지 않다는 것을 알려주기 위해 '앉아 – 기다려' 훈련을 몇 회 한 후 보상합니다.

㉯ 외출할 것처럼 준비하다가 외출을 하지 않고 개를 무시한 채 집안일, TV 보기, 친구와 통화하기 등의 일상적인 행동을 하는 것을 반복하여 연습합니다.

㉰ 개에게 맛있는 간식을 주고 잠시 밖에 나갔다가 되돌아오는 훈련을 반복하며, 시간을 점차 늘려나갑니다.

㉱ 개가 에너지를 발산하고 나면 피곤해 쉬고 싶어집니다. 즉 신체적 · 정신적으로 풍부하게 해주게 되면 휴식을 취하게 되어 분리불안 해소에 도움이 됩니다.

산책하기, 운동하기(어질리티, 프리스비 등)를 함께하는 것도 좋습니다. 특히 보호자가 외출 전에 운동이나 놀이를 해주면 분리불안을 감소시킬 수 있습니다.

3. 부적절한 배설

개는 자신이 자고, 먹고, 뒹굴고 쉬는 곳에는 배변하지 않는 습성이 있습니다.

1) 원인

① 비뇨기질환이나 소화기 질환에 의해 부적절한 배설을 하는 경우
② 보호자 일정 또는 일상의 변화, 주거 환경의 변화 또는 개 환경의 변화 등
③ 입양 전후에 적절한 배변 교육을 하지 않은 경우
④ 분리불안
⑤ 너무 흥분했을 경우(희뇨) 또는 순종적인 표현(복종뇨)을 하기 위해
⑥ 고령화로 인한 배설 조절이 어려운 경우
⑦ 마킹
⑧ 호르몬의 변화
⑨ 만성적인 스트레스

2) 증상

① 화장실이 아닌 장소에서 배설을 한다.
② 분리불안, 고령성 인지장애 등과는 구분하여 진단하여야 한다.
③ 마킹의 경우 소변보다 양이 적다.

3) 행동치료

개의 배변 시간과 실수하는 장소에 대해 관찰을 통해 기록합니다. 예를 들면, 식사 후, 잠에서 깨어난 후, 놀고 난 후 등의 패턴 기록을 작성합니다. 자율급식의 경우 배변의 시간을 예측하기 어려움으로 제한 급식으로 정확한 일정에 맞추어 식사를 급여하면 배설을 예측할 수 있습니다.

① 긍정강화훈련

개가 적절한 배변 장소에 배변했을 경우 보상을 통해 배변교육을 시켜 줍니다.

개가 순종적 배뇨를 하는 것에 대해 처벌을 주는 것은 두려움과 순종적인 행동을 심화시키기 때문에 상황을 더 악화시킬 수 있습니다.

매우 순종적인 개에게 인사할 때, 처음에 눈을 마주치는 것을 피할 정도로 인사할 때 그들을 완전히 무시하는 것이 필요할 수 있습니다.

개가 간식을 먹기 위해 앉거나, 개가 사람을 맞이할 때 장난감을 던져 놀게 하는 것으로 순종적 배뇨를 보는 것과 양립할 수 없는 행동을 하는 방법도 있습니다.

흥분성 배뇨의 경우 개가 흥분할 수 있는 상황을 피해야 합니다. 눈을 마주치지 않고, 개가 진정될 때까지 말을 하거나 또는 신체적 접촉은 피해야 합니다.

사람의 목소리를 나지막하고 차분한 어조로 하여 흥분하지 않도록 유도합니다.

② 고령성, 또는 의학적 이유로 부적절한 배설을 하는 경우 약물요법을 고려

③ 기본 훈련

켄넬교육이나 울타리 교육을 통해 배변 장소를 알려주는 배변 교육을 할 수 있습니다.

개가 적절한 행동을 했을 때만 보상하도록 합니다. 예를 들어 '앉아 – 기다려', '여기(place)', '가져와(fetch)' 등을 시킨 후 보상하고, 부적절한 배설을 했을 경우 무시하고 빠르게 치웁니다.

④ 관리기법

㉮ 개가 특정 장소에 배변하는 경우 그 장소에 접근하지 못하도록 울타리 치기

㉯ 식사급여가 자율급식이면 제한 급식으로 바꾸기. 배설 시간을 예측 가능

㉰ 개가 배설을 위한 사전 동작으로 빙빙 돌기, 냄새 맡기 등을 할 때 적절한 배변 장소로 유도하거나 옮겨 칭찬하는 방법도 사용 가능

㉱ 부적절한 마킹의 경우, 마킹이 허용된 야외에서의 마킹을 강화하고, 집에서의 마킹은 집중적으로 관리 · 감독. 관리할 수 없을 때는 켄넬이나 울타리를 쳐서 관리

4. 학습된 짖음(learned barking) – 요구성 짖음

학습된 짖음의 특이한 패턴 중의 하나는 '짖기 – 잠시 쉬기 – 쳐다보기 – 다시 짖기'입니다. 개가 주의를 끌기 위해, 무언가를 요구하기 위해 또는 과거에 보호자로부터 강화(보상)를 받았을 때 내는 짖음입니다.

1) 원인

① 사회화 시기에 사람, 다른 동물, 사물 등과 같은 것에 사회화가 부족

② 복종훈련이나 집중력 훈련이 부족한 경우

③ 부적절한 양육: 개가 주의를 끌기 위해, 무언가를 요구하기 위해 또는 과거에 보호자로부터 강화를 받았을 때 내는 경우. 신체적 · 정신적 자극이 부족해 생기는 경우도 있다. 적절한 산책, 운동, 놀이, 보호자와의 상호활동 부족, 혼자 오랜 시간 보내기, 먹이나 물 부족 등이 부족한 경우

④ 만성적인 스트레스: 소음, 음식과 물 부족, 부적절한 공놀이, 프리스비, 달리기, 매일 다른 개나 핸들러와의 놀이 등 과도하게 개를 흥분시키는 경우

2) 행동치료

① 행동수정법

대체행동, 즉 대체할 수 있는 장난감, 물건을 스스로 입에 물도록 제공한다. '앉아'를 시킨 후 보상으로 간식을 줍니다.

- 개가 학습된 짖음을 통해 안아달라고 요구할 때 등을 돌리고 무시합니다. 또는 특정 공간에 넣어두고, 짖지 않을 때 다시 꺼내주는 연습을 합니다. 결국 개는 짖지 않아야 사람들과 상호작용할 수 있다는 것을 배우게 됩니다.
- 개가 학습된 짖음을 보이면 바로 조치를 취해야 합니다. '앉기', '기다려' 같은 기본적인 훈련을 합니다. 매일 반복되는 식사시간은 '앉아' 교육의 좋은 기회입니다.

② 관리기법

평소에 아무 이유 없이 보상(안아 주기, 쓰다듬기, 눈 맞추기 등)을 주지 말기.

무의식적으로 잘못된 행동에 대해 보상을 하지 말기.

평상시에 에너지를 발산할 수 있도록 충분한 산책, 운동을 시켜주어, 개가 피곤해 자발적으로 쉬는 공간에 가서 편안히 있도록 합니다.

제5장

우리 아이들이 아프면 엄빠가 아파요. 예방이 최고!

슬기로운 반려생활
- 고마워! 나의 가족이 되어 주어서 -

<table>
<tr><th>접종
시기</th><th>종합 백신
(DHPPL)</th><th>코로나 장염
백신</th><th>켄넬코프
백신</th><th>광견병
백신</th><th>구충제</th><th>심장사상충
예방</th></tr>
<tr><td>4주령</td><td></td><td></td><td></td><td></td><td>구충제 투여</td><td rowspan="8">모기 발생
시기
(5~11월)에
감염 검사 후
한 달
간격으로
예방약 투여</td></tr>
<tr><td>6주령</td><td>1차</td><td>1차</td><td></td><td></td><td rowspan="7">1~2개월마
다 추가 투여</td></tr>
<tr><td>8주령</td><td>2차</td><td>2차</td><td></td><td></td></tr>
<tr><td>10주령</td><td>3차</td><td></td><td>1차</td><td></td></tr>
<tr><td>12주령</td><td>4차</td><td></td><td>2차</td><td></td></tr>
<tr><td>15주령</td><td>5차</td><td></td><td></td><td>기초</td></tr>
<tr><td>15주령
이후</td><td>매년마다
추가 접종</td><td>매년마다
추가 접종</td><td>매년마다
추가 접종</td><td>6~12개월
마다 추가
접종</td></tr>
</table>

1. 눈의 질병 – 유루(Tear Staining Syndrome, TSS)

눈물이 과도하게 흘러 눈 밖으로 넘쳐나는 것을 말합니다.

말티즈, 푸들, 비숑, 시츄 같은 품종에서 흔하게 나타나는데, 눈물 속의 라이소자임 색소가 흰털을 물들여 갈색이나 검은색으로 변색시키게 됩니다. 안검내번증에서도 유루증이 나타나지만, 누비관이라는 구멍이 막히는 경우에도 발생합니다(누비관 폐쇄증, 수술 치료 가능).

출처: caviar.co.kr

2. 귀의 질병 - 외이염

외이도에 염증이 있는 것을 말합니다. 외이도란 고막까지의 귓구멍으로 코커스패니엘, 골든리트리버 같이 귀가 늘어져 있는 품종에서 흔히 발생하며, 알레르기 있는 개들에서 외이도염이 나타나기도 합니다. 증세는 귓속에서 악취가 나고 검은색 또는 갈색 귀지가 나옵니다. 원인은 세균이나 곰팡이 등의 혼합감염이 대부분이며, 기생충이나 이물질로 발생됩니다. 원인 파악 후 치료를 해주어야 합니다.

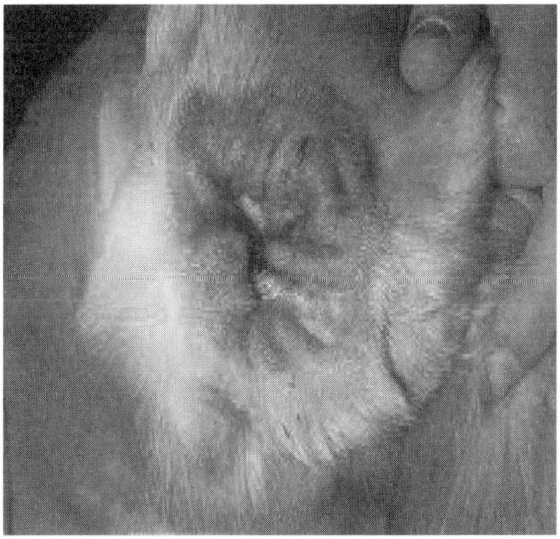

3. 고관절 이형성증

엉덩이 관절이 형성이 잘되지 못한 상태입니다. 생후 2살 이전에 발생이 많으며, 주로 대형견에 자주 나타나지만 소형견에서도 종종 발생합니다. 유전적인 문제. X-ray 검사를 통해 판단하고, 수술로 교정합니다.

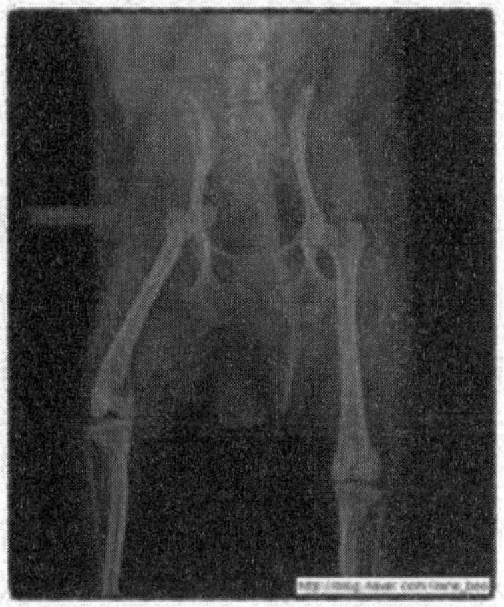

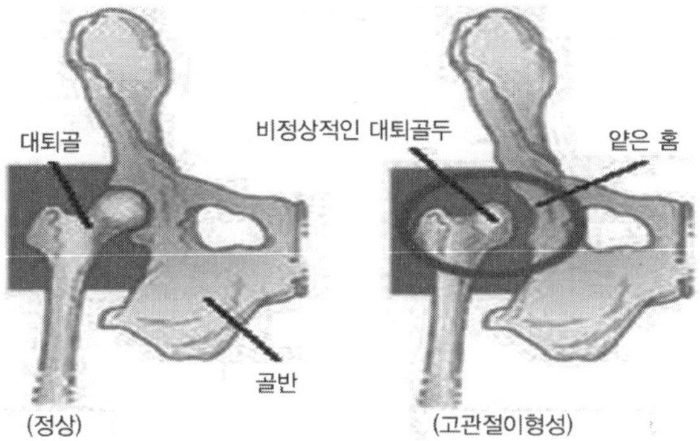

고관절이형성 / 캐비클럽

출처: bestclub.kr

4. 슬개골 탈구(무릎뼈)

슬개골 탈구가 있으면 다리를 들고 다니거나 절게 되는데 오래되면 관절변형이 심해져 교정이 어려워질 수 있습니다. 높은 곳에서 뛰어내리면 갑자기 소리를 지르거나 갑자기 뒷다리를 절면 의심해야 합니다. 진행 정도에 따라 4단계로 구분, 조기에 수술을 하는 것이 좋습니다.

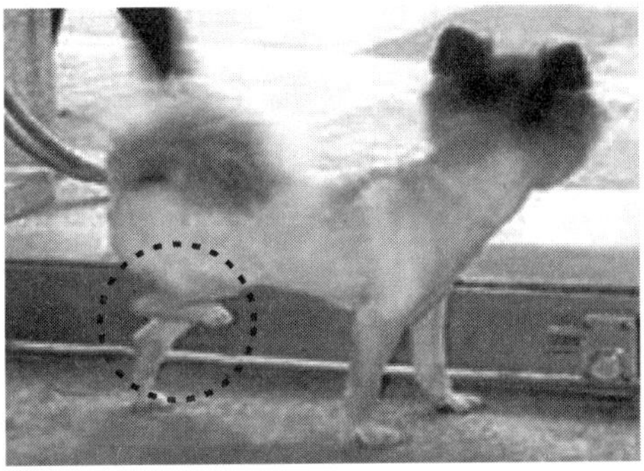

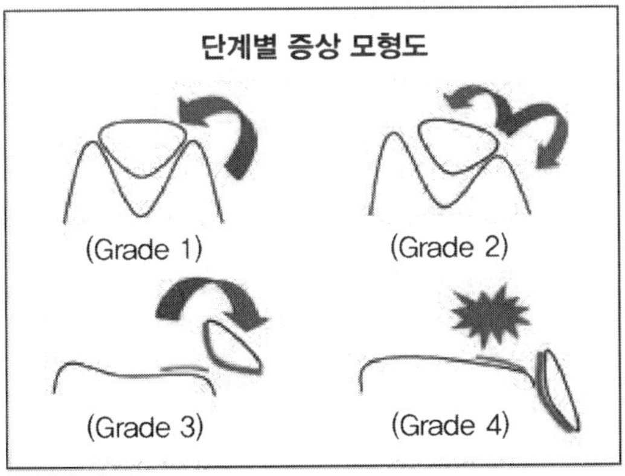

출처: m.nongmin.com, brunch.co.kr

5. 광견병 – 인수공통감염병

"1년 1회, 예방접종이 최고"

오소리, 너구리 등 야생동물이 감염되어 이 동물이 개나 소 등의 동물을 물어 광견병을 일으키고 있음. 사람도 감염되면 치명적이므로 주의를 요합니다.

- 원인 및 침입경로: 광견병 바이러스(Rabies virus)로 병든 개의 타액 속에 있다가 상처나 공기, 점막감염 등으로 침투된 바이러스가 말초신경을 따라 중추신경계로 침투하여 신경증상을 일으킵니다. 보통 15~25사이에 증상이 발현되며, 특별한 경우는 1년 후에 발병하는 사례도 보고되었습니다.
- 증상: 전기 증상은 불안해하며 36시간 진행되며, 방랑하면서, 다른 동물, 또는 개줄, 파이프 등을 물어뜯는 등 점차 광폭해지며, 눈의 충혈, 침을 흘리며, 꼬리를 가랑이 사이로 밀어 넣는 증상입니다. 후기에는 마비증상을 보이기 시작하며, 인후두가 마비되어 쉰 소리를 내거나 먹이를 삼키지 못하며, 물을 마실 때 심한 통증이 따라 물을 두려워하게 되는 "공수병"에 걸립니다. 말기에는 근육마비, 입을 벌린 채 침을 흘리고 휘청거리다가 쓰러져 죽게 되며, 발병일로부터 1주일 이내 사망합니다.

6. 심장사상충

가장 광범위하게 퍼져 있는 기생충으로 중간 숙주인 모기를 통해 전염됩니다.

- 원인: 온대지방의 개의 우심실과 폐동맥에 기생하는 기생충
- 증상: 폐동맥을 막아 생기는 증상으로 호흡곤란, 운동기피, 발작성 실신, 객혈 등의 증상이 관찰되며, 말기에는 복수, 하복부의 피하부종, 흉수 등을 볼 수 있습니다.
- 예방: 중간 매개체인 모기의 활동기 동안 감염이 우려될 시 매월 1회씩, 이보멕틴 제제를 투여
- 치료방법: 진단 시약에 의하여 확인. 심한 기침이나 객혈, 폐경화, 우측성 심부전증을 나타낸 개체는 구충은 금기. 검진 후 증상에 맞는 주사 및 경구투여

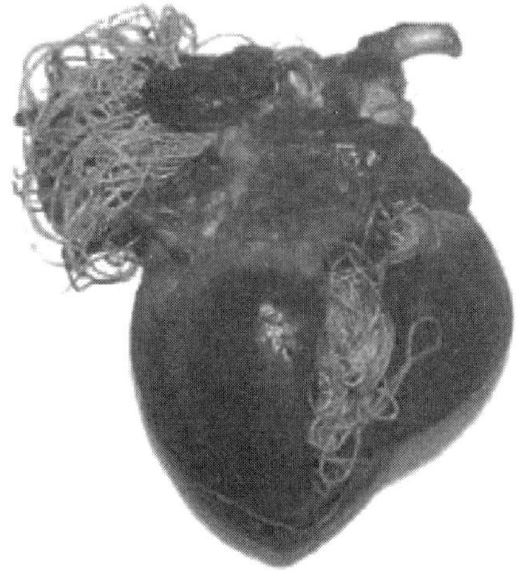

제6장

우리 아이들을 위해 위생관리는 엄빠가 해주는 게 최고!

슬기로운 반려생활
- 고마워! 나의 가족이 되어 주어서 -

1. 목욕은 이렇게 하면 좋아요

• 반려견 목욕순서

① 목욕 전에 충분히 빗질을 하여 빠진 털과 엉킨 털을 풀어 줍니다.
② 따뜻한 물로 온몸에 뿌려 줍니다.
(앞다리-뒷다리-엉덩이-등-배-머리-얼굴-귀 순으로 뿌려줍니다.)
③ 샴푸를 이용해 전신을 비벼 마사지해줍니다.
④ 물로 헹구어 샴푸를 씻어냅니다.
⑤ 강아지가 스스로 물기를 털어내도록 합니다.
⑥ 목욕 후 마른 수건 등으로 수분을 제거합니다.
⑦ 드라이기와 빗을 이용해 잘 말려줍니다.

- 강아지 피부(약알칼리성, pH 7.3~7.5), 사람 피부(약산성 pH 4.5~5.5), 강아지용 피부에 알맞은 샴푸를 사용해야 합니다.

1) 그루밍(피모손질)

강아지의 피부와 주모를 포함하여 귀의 청결, 목욕, 발톱 관리 등 강아지의 신체와 관련된 위생관리를 그루밍이라고 합니다. 그루밍은 강아지의 건강을 체크할 수 있습니다. 또한 강아지와 보호자와의 유대감을 느낄 수 있는 중요한 상호작용입니다.

• 브러싱(빗질)의 효과

① 미용 효과: 엉킨 털 손질

② 위생 효과: 기생충, 먼지, 죽은 털 등 제거

③ 건강 효과: 피부를 자극해 혈액순환 증진, 피부 통풍을 원활하게 하고 공기층 형성(보온, 체온 유지 효과)

④ 유대 효과: 주인과의 접촉, 유대 관계가 높아짐

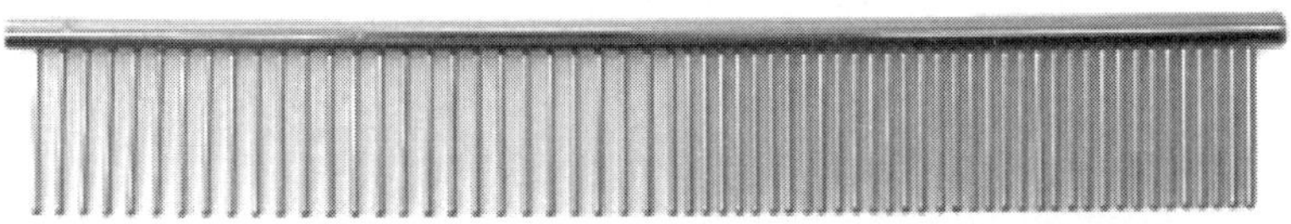

일자 빗: Comb 형태. 빗살이 넓은 쪽은 장모종의 엉킨 털을 풀 때 사용, 촘촘한 쪽은 빗질 마무리 단계에 사용합니다.

슬리커: 뭉친털, 잔털 제거에 좋습니다. 가늘고 긴 털을 가진 요크셔테

리어, 아프간하운드 등에 유용하게 사용할 수 있고, 이중모인 사모예드, 스피츠 등에도 좋습니다.

브리슬브러쉬: 어린 강아지, 피부가 약한 강아지, 단모종 빗질에 좋습니다. 털 길이 불문 정전기를 방지해 줍니다.

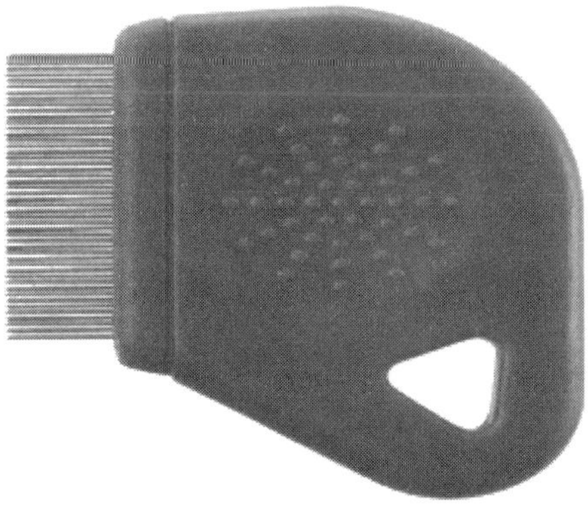

안면 빗: 얼굴 털을 빗길 때 사용. 장모종, 단모종, 중모종 상관없이 사용하며 눈곱 뗄 때도 유용합니다.

(1) 강아지 관리 순서와 방법

① 눈: 이물질이 없는지 살피고 눈곱 등은 티슈로 닦아주기

② 귀: 냄새가 나는지 체크. 귀 세척액, 알코올 등을 솜에 묻혀 닦아 주기

③ 입: 치석의 유무 체크. 정기적으로 칫솔질을 해 주기

④ 발: 발을 지나치게 핥거나 자근자근 씹는 것은 이상 징후

⑤ 발톱: 혈관을 자르지 않도록 주의

⑥ 털: 전용 브러쉬 이용. 피부에 상처나 딱지, 냄새 확인하기

⑦ 브러싱은 개의 혈액순환을 돕고 냄새를 줄여주기

⑧ 목욕: 전용 샴푸 사용. 2~3주에 한 번 정도가 적당

(2) 귀 관리

① 귀지, 기생충, 나쁜 냄새 등이 나는지 수시로 체크

② 귀 세정제를 사용해 5일 간격으로 귀 청소

③ 귓속 털이 너무 많다면 어느 정도 제거하기

④ 풀숲이 있는 야외 활동 후, 귀 진드기 등 기생충이 붙지 않았는지 확인하기

⑤ 귀가 덮인 견종은 하루 한 번 정도 귀를 들어 통풍시켜 주기

⑥ 목욕 시 물이 귀에 들어가지 않도록 주의

• 강아지 귀 청소방법

① 귀 세정제를 2~3방울 넣어주기

② 귀 뿌리를 잡고 부드럽게 마사지

③ 개가 머리를 흔들면서 자연스럽게 이물질이 빠져나옴

④ 나머지 잔여 물질을 닦아주기

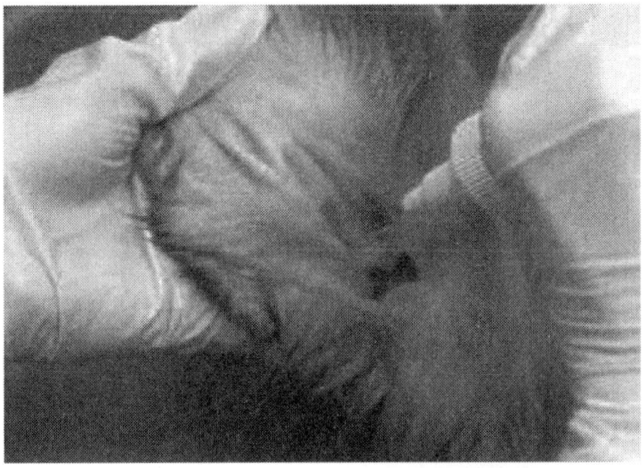

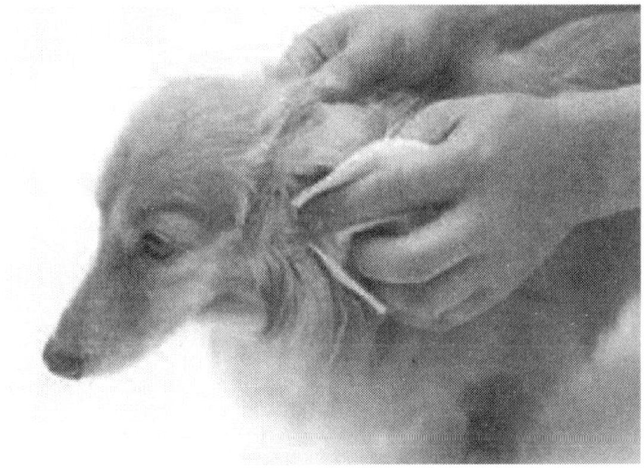

(3) 눈 관리

• 눈의 손질

① 눈 주변의 털을 묶어 주기

② 눈 주변의 털을 잘라 주기

③ 눈에 티끌이나 먼지가 들어갔을 때는 즉시 제거하기

④ 눈 세정제(eye cleaner)를 이용하여 관리하기

(4) 치아관리

① 시작은 언제부터: 양치질은 생후 3~4개월부터 일주일에 2~3회

② 양치질은 거부감을 느끼지 않도록 손가락, 부드러운 천 이용하여 애견 전용 칫솔과 치약

③ 애견 전용 칫솔과 치약을 이용하여 거즈, 부드러운 천에 구강 소독제나 구강 세척제를 발라 치아와 잇몸을 닦아주기

④ 셀프 스케일링이 가능하다면 자주 해도 무방하지만 수면마취가 동반된 스케일링은 연 1회 이상하지 않도록 이빨 관리를 해 주기

(5) 발톱관리

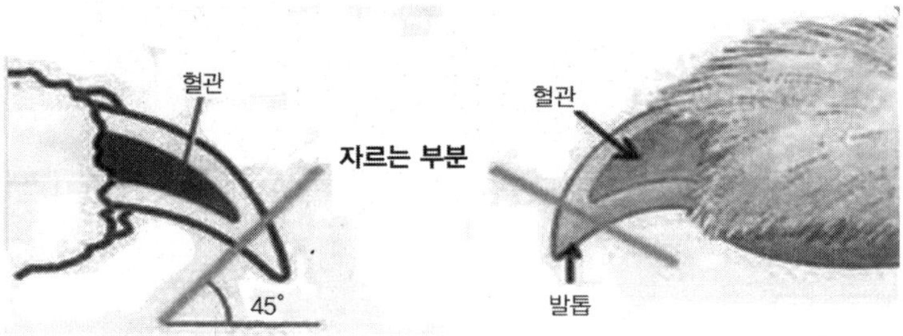

• 출혈 시 처치법

지혈제를 사용하여 강력하게 압박합니다. 이어파우더는 징크성분이 55% 이상 들어있어 지혈 효과도 있습니다. 세균 감염을 막기 위해 곧바로 외출이나 목욕을 하지 말아야 합니다.

(6) 항문낭 관리

항문낭은 항문의 양쪽에 있으며 관리해주지 않으면 항문선이 붓거나 막힐 수 있습니다. 방치하면 염증이 생겨 염증이 유발하여 수술을 통해 항문낭의 이물질을 제거하는 상황이 생길 수 있어 정기적인 관리가 필요합니다.

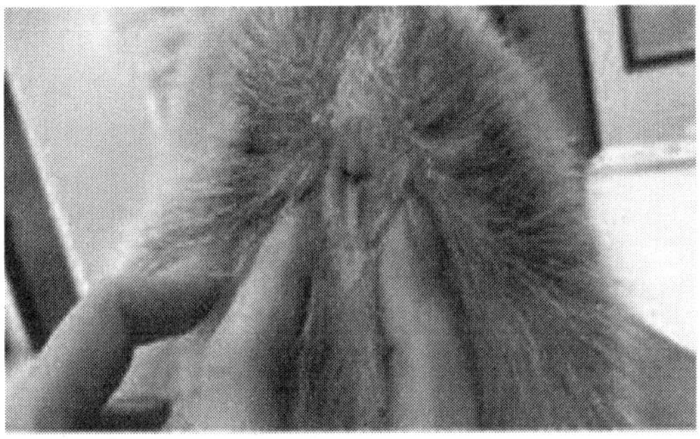

새끼강아지 항문낭

• 항문낭 짜주기

- 주로 목욕 전에 실시
- 개를 움직이지 않게 한 후 꼬리를 잡아들어 올리기
- 한 손으로 항문 부위에 휴지를 덮고, 항문의 조금 아래에 엄지손가락을 시계 8시 방향, 다른 손가락은 4시 방향에 두기
- 개의 항문 주변을 향하여 안쪽에서 바깥 위쪽 방향으로 밀어 올리며 짜주기
- 액이 나오면 휴지로 닦기
- 2~3회 반복하여 항문낭액을 완전히 제거하기

• 항문낭 염증이 있는 경우 (똥 스키를 타는 강아지) - 치료 또는 수술

(7) 응급상황 대처

"산책 시 시원한 물은 꼭 챙겨 주세요!"

"너무 더운 날의 경우, 아침, 저녁에 산책을 해주세요!"

① 열사병

- 구토, 설사, 경련, 호흡곤란, 보행불능 등의 증상이 나타남.
- 서늘한 곳으로 옮기고 차가운 물을 적신 수건으로 강아지의 목과 머리 뒷부분을 적셔주어 체온을 내려줍니다. 만약 체온이 42℃ 이상이면 일어서기 어려운 상황일 수 있습니다.
  이런 경우 찬물 또는 얼음물에 얼굴을 제외한 몸을 담가 체온이 40℃ 이하가 되면 냉찜질을 중지합니다. 정상체온인 38.5~39℃가 되면 물을 닦아 정상체온을 유지하도록 합니다.
- 강아지의 입을 확인하여 이물질을 제거하고, 침이 있는 경우, 닦아줍니다.
- 시원한 물을 급여하도록 합니다.

② 심폐소생술의 3단계

기도 확보 - 인공호흡 - 흉부압박(심장 마사지)

- 호흡이 정지된 상태가 확인되면 입안에 이물이 있는 확인하여 이물질이 있으면 제거해줍니다.
- 강아지의 입을 닫고, 입으로 강아지의 코에 숨을 불어 넣는다. 이때 손으로 강아지의 입을 감싸 쥔 상태에서 개의 목을 바로 세운 뒤 실시한다. 5회 정도 숨을 불어 넣은 후, 강아지의 배가 부풀어 올라오는지 확인합니다.

- 흉부압박법은 강아지를 오른쪽으로 눕힌 뒤에 왼쪽 손위에 오른쪽 손을 깍지 끼워 강아지의 심장 부위를 눌러 압박을 가합니다. 너무 강하지 않도록 주의해야 합니다.
- 6회 정도 실시 후 개가 숨을 쉬는지 확인. 인공호흡과 병행하면서 진행합니다.

  아주 어린 강아지의 경우 한 손으로 심장 부위를 부드럽게 눌러주어야 합니다.
- 흉부압박법은 반복해서 10분 이상 진행합니다.
- 심장이 뛰면 호흡이 안정될 때까지 몇 차례 진행합니다.

③ 출혈 시 응급처지 방법

- 상처가 깊어 출혈 시, 신속하게 지혈을 해줍니다.
- 소독약이나 흐르는 물로 상처를 소독을 해줍니다.
- 압박붕대나 수건을 이용하여 상처 부위를 압박하여 묶어줍니다.
- 지혈 후 신속히 병원으로 이동해 수의사의 처치를 받습니다.

④ 화상 시 대처 방법

- 뜨거운 물이나, 불 등에 화상을 입었을 시 얼음주머니로 상처 부위를 냉찜질합니다.
- 상처 부위를 흐르는 소독약으로 부상 부위를 소독해줍니다.
- 상처 부위를 할거나 발로 비비지 않도록 붕대나 깨끗한 천으로 감쌉니다.
- 응급처치 후 신속히 병원으로 이동해 수의사의 처치를 받습니다.

제7장

우리 아이들도 100세 시대!

슬기로운 반려생활
-고마워! 나의 가족이 되어 주어서-

강아지의 5대 영양소: 단백질, 지방, 탄수화물, 비타민, 미네랄

개들의 경우, 균형 잡힌 식단은 탄수화물 50%, 단백질 25%, 지방 8%의 비율이 이루어져야 합니다.

- 먹이에 대한 반응, 물에 대한 반응은 모든 동물들에게는 건강과 현재의 상태를 파악하는 중요한 판단 기준입니다.

하루에 소형견 110cal/kg, 대형견 60cal/kg 열량이 필요합니다.

예 1 5kg 포메라이언의 경우, 하루 550cal의 열량 필요

예 2 30kg 레브라도리트리버의 경우, 하루 1800cal의 열량 필요

생후 6~8주령의 강아지는 성견의 3배, 생후 16~24주령의 강아지는 성견의 2배의 열량이 필요합니다. 어린 강아지들의 경우 사료를 바꿀 때는 한 번에 바꾸는 것보다 점진적으로 비율을 조절하여 급여해야 합니다.

예 그전에 먹던 사료를 9:1, 8:2, 7:3, 5:5, 4:6, 3:7, 2:8, 1:9, 0:10의 비율로 조금씩 변화를 주어 사료를 바꾸어 주어야 합니다.

강아지는 먹이 반응이 정말 왕성합니다. 강아지 시기는 개의 평생 건강을 결정하는 중요한 시기이므로 먹이를 충분히 제공해주어야 합니다.

먹이 급여가 부족하면 예민하고, 먹을 것에 집착을 보이고, 스트레스를 받을 수 있습니다.

• 일일 먹이 권장 급여량

① 소형견 생후 6~10주 사이의 강아지는 체중의 6~7%를 급여
(예: 체중 500g, 10주령의 강아지 경우, 500g×6% = 30g / 하루)
② 소형견 생후 10~18주 사이의 강아지는 체중의 4~5%를 급여
③ 소형견 생후 18~26주 사의의 강아지는 체중의 3~4%를 급여
④ 소형견 생후 26주 이상의 성견은 체중의 2~3%를 급여
⑤ 중대형견의 경우 소형견 급여량의 15% 정도 덜 급여
(예: 체중 3kg, 10주령의 강아지 경우, 3000×6% = 180g, 180×0.85 = 153g/하루 급여)
⑥ 중대형견의 성견은 체중의 1.2%~1.7% 정도 급여

출처: 김옥진 외(2021). 반려동물관리학. 동일출판사.

미각점수(미뢰수)

뱀 0, 개 1.706, 닭 24, 사람 9.000, 오리 200, 돼지 1,500, 고양이 473, 소 25,000

미뢰수가 작다는 것은 맛을 느끼지만 민감하지 않다고 해석할 수 있습니다.

1. 잘 먹으면 보약이 되는 음식

1) 면역력을 높이는 재료(식이섬유 풍부한 재료)

- 면역력을 높이기 위해서는 면역 세포가 많이 위치하고 있는 소화기 계통 기관을 활성화하는 식재료를 급여하는 것이 좋습니다.
  식이섬유가 다량 포함하고 소화에 도움을 주는 음식 재료로 만든 음식을 주면 강아지들의 면역력이 증가하고 배변활동이 원활해집니다.
  예 무, 감자, 양배추 등

2) 피부 강하게 만드는 재료(지방이 풍부한 재료)

- 필수지방산이 다량 포함하고 있는 지방은 피부가 약한 강아지에게 좋은 피부를 만드는 데 도움을 주는 경우가 많습니다.
  예 연어, 달걀

3) 튼튼한 신장을 만드는 재료(수분이 풍부한 재료)

- 신장이 약한 강아지에게는 풍부한 수분이 함유되어 신장의 노폐물을 배출해주는 식재료를 급여하여 주면 좋습니다.
  예 크랜베리, 검은콩

4) 기운이 넘치게 하는 재료(단백질, 탄수화물이 풍부한 재료)

- 단백질과 탄수화물은 에너지를 보강하는 데에 도움을 줍니다.

  예 닭가슴살, 바나나 등

5) 간을 강하게 만드는 재료(지용성 비타민)

- 지용성 비타민을 함유한 재료는 간이 허약한 강아지에게 도움을 줍니다.

  예 당근, 키위 등

6) 관절에 도움을 주는 재료(칼슘)

- 칼슘이 풍부한 식재료는 도움을 줍니다. 과하게 급여하는 경우 비만이 될 수 있으니 관리를 해주어 급여해야 합니다.

  예 멸치, 파프리카 등

2. 잘 못 먹으면 해가 되는 음식

1) 양파, 부추, 파류, 마늘

- 적혈구를 단시간에 파괴하여 쇼크를 일으킬 수 있으므로 주의해야 합니다.
  탕수육의 양파도 조심하셔야 합니다.

2) 달걀흰자

- 생달걀의 흰자(아비딘이라는 성분은 적혈구를 파괴)는 용혈성 빈혈을 일으킬 수 있습니다. 흰자는 익혀서 급여하면 좋습니다.

3) 동물의 뼈

- 생뼈나 삶은 뼈는 소화 시 장에 상처를 줄 가능성이 있으며, 잇몸에 상처를 입힐 수 있습니다.

4) 게, 새우, 오징어류 등

- 갑각류 껍데기는 소화불량을 일으킬 수 있습니다.

5) 초콜릿

- 테오브로민 성민으로 심장질환을 일으키고 사망을 일으킬 수 있습니다.

6) 햄과 소시지, 짠 음식 등

- 염분이 많아 해가 될 수 있습니다.

7) 포도, 건포도

- 적혈구 파괴로 급성 신부전 증상으로 사망사고 사례가 보고 되었습니다.

8) 우유 및 유제품

- 강아지는 유당을 분해하는 효소인 락타아제의 분비가 적어 사람이 먹는 우유를 먹는 경우 설사를 유발할 수 있습니다. 강아지 전용 우유를 급여해야 합니다.

9) 꽁치, 정어리 등

- 지방이 다량 함유한 어류는 알레르기, 탈모 등 피부에 문제가 생길 수 있습니다.

• 식재료 열량 및 영양 성분

식재료	열량(kcal/100g)	단백질(g)	탄수화물(g)	지방(g)	수분(g)	무기질(g)	비고	주요효능
고구마	130	1.5	31.3	–	66	1.2	비타민 B_3 0.7mg	변비 완화 혈액 순환
당근	31	0.97	7.01	0.13	91.2	0.69	베타카로틴 3582ug	위장강화 눈/피부
마	49	1.47	10.51	0.25	87.1	0.67	비타민 B5 0.19mg	위장강화 신장/방광
밤	154	3.45	33.95	0.51	60.9	1.19	식이섬유 5.6mg	근골 강화 어혈 제거
브로콜리(살짝 데침)	27	3.5	4.3	0.4	91.3	0.5	엽산 120ug	암 예방 노화 방지 근골 강화
비트	26	1.2	5.8	–	92	1.0	나트륨 55mg	혈액생성 혈압저하 노화방지
양배추	32	1.7	7.56	0.12	90	0.61	식이섬유 1.6mg	위장강화 피부보호 노화 방지
토마토	17	0.7	4.06	0.14	94.4	0.7	비오틴 2.64ug	간기능 혈압 강화 노화 방지
파프리카	24	0.77	5.95	0.12	92.7	0.46	비타민C 110.6mg	항산화 노화 방지
단호박	30	1.7	6.9	0.1	90.3	1.0	베타카로틴 7077ug	체력강화 위장강화
상추	10	0.6	2.1	0.1	96.7	0.5	베타카로틴 1148ug	이뇨작용 청열/해열
연어	106	20.6	0.2	1.9	75.8	1.5	비타민 B_3 7.5mg	온열효과 피부 윤택 체력증강

달걀	143	13.94	2.19	7.97	75	0.9		정신안정 피부보호
소간	131	9	2.2	4.6	1.4		철 8mg	눈 건강 간 기능

* 달걀의 경우 흰자는 익혀서 주어야 함. 날달걀의 흰자는 아비딘 성분으로 용혈성 빈혈을 일으킬 수 있음.

* 소간을 과다하게 급여하면 비타민A 부작용 발생가능.

출처: 박은정 외(2021). 선생님, 우리 강아지 이 음식 먹여도 될까요?. 길벗.

식재료	열량(kcal/100g)	단백질(g)	탄수화물(g)	지방(g)	수분(g)	무기질(g)	비고	주요효능
양고기	143	20.88	미량	5.94	72.55	1.06	이소류신 1007mg	온열효과 신장기능
오리	117	21	미량	3.07	76.8	1.05	아르기닌 1395mg	수액 대사 체력증강
우유	65	3.08	5.53	3.32	87.4	0.67	칼슘 113mg	기혈보충 체력증강
무염 버터	761	0.59	1.81	82.04	15.3	0.26	비타민E	피부보호 위장보호
올리브유	921	미량	미량	100	0.1	0.04	리놀렌산 8187mg	눈 건강 암 예방 노화 방지
굴	86	10.5	5.1	2.4	80.4	1.6	비타민 B_3 4.5mg	신체안정 혈액보충
미역	18	3	5	0.3	87.6	4.0	칼슘 149mg	이뇨작용 노폐물 피부보호
홍합	82	13.8	3.1	1.2	79.7	2.2	철 6.1mg	혈액순환 혈액보충
표고 버섯	29	3.63	10.48	0.26	84.9	0.71	식이섬유 10.2g	암 예방 소화촉진

두부	97	9.62	3.75	4.63	81.2	0.8	페닐알라닌 454mg	체력증강 위장
검은콩	184	17.99	12.71	6.79	60.6	1.91	비타민E 5.76mg	신장기능 이뇨작용
바나나	84	1.1	21.94	0.1	76.1	0.76	마그네슘 28mg	폐 기능 장기능
사과	53	0.2	14.36	0.03	85.2	0.21	엽산 3ug	소화촉진 피부보호 피로 회복
배	46	0.3	12.35	0.04	87	0.31	나트륨 미량	진액 형성 노폐물 제거
블루베리	48	0.55	12.57	0.09	86.6	0.19	비타민K 25.9ug	이뇨작용 해독 눈 건강 노화 방지
귤	39	0.7	9.9	0.1	89	0.3	칼슘 13mg	소화촉진 피부보호 노폐물 제거

3. 배변으로 보는 건강상태

① 설사하는 강아지

새로운 음식을 제한하고 금식이 필요합니다. 병원에서 원인을 규명해야 합니다.

② 변비가 심한 경우

수분 섭취와 식이섬유가 풍부한 먹이를 급여해 주세요.

③ 딱딱하거나 끊어지는 변(바나나킥 과자처럼 계속해서)

수분 섭취가 부족한 상태입니다.

④ 너무 묽어 퍼지는 바닥에 퍼지는 변

수분이 섭취가 과하거나 새로운 먹이를 먹었을 때 나타날 수 있는 대변이므로 무엇을 급여했는지 파악해야 합니다.

⑤ 녹색의 대변

바이러스 감염이거나 식중독 같은 질병 확인이 필요합니다.

⑥ 검색의 대변

장내 출혈일 수 있으니 병원에 방문하여 원인을 규명해야 합니다.

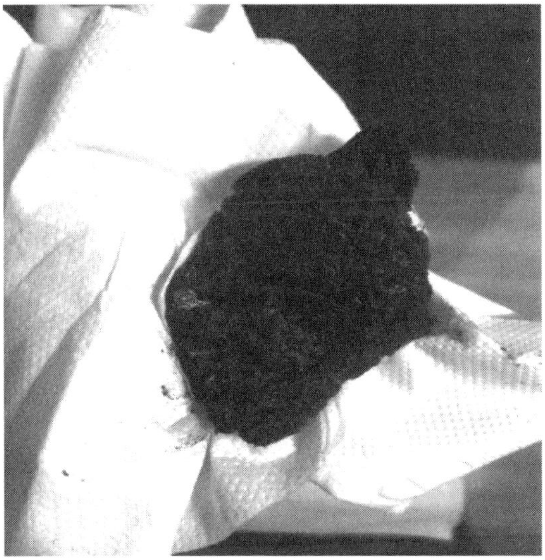

검은 변

녹색 변

4. 노견, 더 많은 관심이 필요합니다.

견종별, 개체별에 따라 노화의 속도와 신체에 나타나는 증상은 다양합니다. 노화의 증상은 천천히 나타나지만 분명하게 드러납니다. 따라서 주의 깊게 관찰해야 합니다.

예를 들면, 식사량이 달라집니다. 흰 털이 증가합니다. 치주염이 자주 발생합니다. 입냄새가 심하게 납니다. 눈곱이나 눈이 탁해집니다.

행동도 달라집니다. 예를 들면, 걷는 속도가 느려집니다. 이름에 대한 반응도 느려집니다. 흥미를 가졌던 것들에 대한 반응도 줄어듭니다.

① 신체적 노화 신호

- 눈이 탁해진다.
- 표정이 부드러워진다(근육이 이완된다).
- 구취가 심해진다.
- 이빨이 흔들려 딱딱한 음식을 먹지 않거나, 속도가 느려진다.
- 흰 털이 많아진다.
- 근육이 줄어든다.
- 지방종과 같은 돌기가 생긴다.

② 노령견 감정 변화와 행동의 노화 신호

- 놀이 행동이 줄어든다.
- 보호자 뒤에서 걷는다. 걸음이 느려진다.
- 쓰다듬거나 안아 주어도 꼬리를 흔들지 않는다.
- 흥분하지 않는다.

- 먹는 것에 대한 반응이 줄어든다.
- 이름에 대한 반응이 줄어든다.
- 잠자는 시간과 누워 있는 시간이 늘어난다.
- 사물에 부딪히는 일이 자주 일어난다.
- 다리를 끌어, 발톱이 땅에 끌리는 소리가 난다.

1) 노령견에 나타나는 대표적인 문제행동

① 분리불안
② 배변 실수
③ 치매
④ 멍한 표정으로 바라보기
⑤ 상동행동
⑥ 부들부들 떠는 행동

2) 노령견을 위한 실내 환경 체크 사항

항목	내용	비고
1	아이가 오르고 내리는 힘든 단차가 있는지 여부	
2	가구 모서리는 위험하지 않은지 여부	
3	바닥이 미끄러워 넘어질 수 있는지 여부	
4	계단은 막아놓았는지 여부, 펜스 설치 여부	
5	부엌 등 불 옆에 가지 않도록 펜스 설치 여부	
6	개에게 적합한 실내 온도 및 습도 여부	

출처: 강현정 역(2015). 내 강아지 행복한 노견생활. 해든아침.

3) 몸과 마음을 릴렉스하게 하는 마사지

마사지는 보호자와 반려견과 교감을 나누며 반려견에게 마음의 안정과 건강을 지켜주는 좋은 방법입니다.

① 림프절, 모세혈관이 모여 있는 부위를 부드럽게 마사지해줍니다. 손가락 끝 부위로 개가 통증을 느끼지 않을 정도의 힘으로 마사지를 해줍니다.

- 귀와 귀뿌리를 부드럽게 마사지해줍니다.
- 양쪽 목 부위를 부드럽게
- 앞다리 겨드랑이 부위
- 눈가 주위, 눈
- 하악과 상악이 접하는 부위
- 서혜부(뒷다리 안쪽)
- 꼬리뼈가 시작하는 부위
- 등과 배 부위를 부드럽게 쓸듯이 마사지해줍니다.

제8장

아무리 마음의 준비를 해도 이별은 아픕니다.

슬기로운 반려생활
- 고마워! 나의 가족이 되어 주어서 -

"지금 이별을 떠올려서 슬프다면, 당장 행동하세요."

- 아이와 산책을 나가세요.
- 마사지를 해주세요.
- 안아 주세요.
- 빗질을 해주세요.
- 맛난 음식을 해주세요.

강아지가 우리 곁을 떠나면 '무지개다리'를 건넌다고 합니다.

슬픔이 커서 오랫동안 아파하는 보호자들이 많습니다. 사람은 강아지에게 주기만 한 거 같은데, 무엇을 받았길래 이토록 미안해하고 아파할까요.

사람에게서 느낄 수도 없고, 받을 수도 없는 사랑을 주고받습니다. 사람에게는 더 좁힐 수 없는 감정의 거리가 있지만, 강아지와는 감정 거리 제로이니까요.

사랑을 남기고, 끊임없이 사랑하고 살아가라고 알려 준 강아지입니다. 그래서 빈자리가 슬프고 아픕니다. 가족이고, 어떤 때는 다른 가족보다 더 가까웠던, 사랑하는 강아지를 잃은 슬픔은 몇 번을 경험해도 익숙해지지 않습니다.

생각만 해도 눈물이 납니다. 비반려인은 이해하지 못할 수 있습니다. 사랑하는 이의 죽음처럼 아파하는 보호자를 이상하게 보고 이해하지 못합니다. 반려 가족의 슬픔, 상실, 애도는 공감받지 못하기도 합니다.

주위에서 걱정하는 것은 보호자이지 강아지는 아닌 것 같습니다. 이것이 우리를 더 아프게 하기도 합니다.

어떻게 강아지와 살았는지 뒤돌아보세요. 순간이었던 거 같지만, 영원한 시간. 시간이 흐르면서 슬픔을 이기고, 견디고 살 수 있을 만큼 강해질 수 있습니다.

이것이 강아지가 우리에게 주고 간 것입니다. 그렇게 하고 난 후에야 비로소 진정한 행복, 즐거움과 고마움을 알게 됩니다.

제9장
이것만은 꼭 지켜주세요!

"반려인의 펫티켓으로 반려동물에 대한 인식이 달라집니다."

1. 펫티켓(pet + etiquette)

① 산책 시 펫티켓

- 산책 시 목줄을 반드시 착용합니다.
- 산책 시 배변과 소변을 본 자리를 깨끗하게 정리합니다.
- 배설물을 반드시 수거합니다.
- 인식표 착용을 반드시 합니다.
- 다른 강아지나 사람이 다가오면 리드줄을 짧게 잡고 안전한 거리를 유지합니다.
- 동물등록을 반드시 합니다.
- 공격성향이 있다면 입마개를 준비하여 착용합니다.
- 반려견이 출입 가능 장소인지 확인하여 출입합니다.
- 산책 시 반려견을 위해 물을 준비합니다.
- 반려견에게 기본예절교육을 시킵니다.

② 비반려인을 위한 펫티켓

- 산책 시 비반려인을 만나는 경우 목줄을 짧게 잡고 비반려인이 편안하게 지나갈 수 있도록 안전거리를 확보합니다.
- 강아지가 짖거나 공격성향을 보인다면, 반려견이 보호자에게 집중하도록 하여 비반려인이 안전하게 지나가도록 합니다.
- 주택에서 과도하게 짖는 반려견의 경우, 행동교정을 해주어 피해를 주지 않습니다.

③ 대중교통 이용 시 펫티켓

• 지하철 이용 시

- 옆자리에 승객이 있다면 반려견과 있다는 것을 알리고 양해를 구합니다.
- 자리에 앉는 경우, 이동장으로 인해 다른 승객에게 피해를 가지 않도록 보호자의 무릎 위나 발아래 놓습니다.
- 서서 지하철 이용 시에는 이동장을 보호자의 발과 발 사이에 놓습니다.
- 배낭형 이동장은 가슴 앞쪽으로 돌려 착용하여 타인과 부딪히지 않도록 합니다.

• 열차 이용 시

- 다른 승객의 통행에 불편을 주지 않도록 이동장을 놓습니다.
- 자리에 앉는 경우, 이동장을 발아래 놓아 다른 승객에게 피해가 가지 않도록 합니다.
- 반려견이 짖음이 있다면 열차와 열차의 중간연결통로에 이동장을 둡니다.
- 열차를 이용하는 경우, 옆자리가 비어있다고 해도 옆자리에 이동장을 놓지 않습니다.
- 옆자리에 앉은 승객이 반려견을 무서워하거나 싫어한다면 승무원에 양해를 구해 다른 자리로 이동합니다.

• 택시 이용 시

- 승차 전 운전자분께 반려견과 함께 탑승한다는 사실을 알린 후, 가능

한 경우에 탑승합니다.

④ 엘리베이터 이용 시 펫티켓

- 엘리베이터 이용 시 반려견이 나중에 들어가고 나중에 나오도록 교육합니다.
- 리드줄을 짧게 잡고 기다립니다.
- 엘리베이터 승차한 후에는 가장 자리로 가 서고, 반려견이 다른 승객과 접하지 않도록 보호자가 다른 승객과 반려견 사이에 위치합니다.
- 엘리베이터 안에서는 반려견이 보호자를 바라보도록 교육합니다.
- 엘리베이터 타거나 내릴 때 리드줄이 걸리는지 항상 체크합니다.
- 공격성향이 있는 반려견의 경우, 입마개를 착용합니다.
- 엘리베이터 안에서 배변 시 반드시 깨끗하게 처리합니다.

⑤ 다른 반려견과의 펫티켓

- 외출 시 다른 반려견을 만났을 때 안전거리를 두고 산책을 합니다.
- 산책 시 보호자에게 집중하고 산책할 수 있도록 교육합니다.
- 상대방 보호자에게 인사를 해도 되는지 확인합니다.
- 다른 반려견과 안전하게 정보를 탐색하도록 시간을 충분히 줍니다.
- 개들 간 흥분한 상태에서 인사하지 않도록 합니다.
- 다른 반려견의 보호자에게 간식을 주어도 되는지 허락을 받은 후 간식을 줍니다.
- 다른 반려견의 보호자에게 반려견을 만져도 되는지 허락을 받은 후 만져줍니다.

⑥ 비반려견의 펫티켓

- 반려견 앞에서 큰소리를 내거나 갑자기 뛰지 말아주세요.
- 반려견 보호자에게 반려견을 만져도 되는지 허락을 받은 후 만져줍니다.
- 반려견을 응시하지 하지 말아주세요. 못 본 척해주시면 됩니다.

"상대방의 입장을 배려하는 것이 펫티켓의 기본입니다."

"2m 리드줄을 지키는 매너"

2. 주요 동물보호법

1) 봉사동물의 범위(동물보호법 제2조 제6호 및 시행령 제3조)

1. 「장애인복지법」 제40조에 따른 장애인 보조견
2. 국방부(그 소속 기관을 포함한다)에서 수색 · 경계 · 추적 · 탐지 등을 위해 이용하는 동물
3. 농림축산식품부(그 소속 기관을 포함한다) 및 관세청(그 소속 기관을 포함한다) 등에서 각종 물질의 탐지 등을 위해 이용하는 동물
4. 다음 각 목의 기관(그 소속 기관을 포함한다)에서 수색 · 탐지 등을 위해 이용하는 동물
   가. 국토교통부
   나. 경찰청
   다. 해양경찰청
5. 소방청(그 소속 기관을 포함한다)에서 효율적인 구조활동을 위해 이용하는 119 구조견

2) 반려동물의 범위(동물보호법 제2조 제7호 및 시행규칙 제3조)

"개, 고양이 등 농림축산식품부령으로 정하는 동물"이란 개, 고양이, 토끼, 페럿, 기니피그 및 햄스터를 말한다.

3) 맹견의 정의(동물보호법 제2조 제5호 및 시행규칙 제2조)

"맹견"이란 다음 각 목의 어느 하나에 해당하는 개를 말한다.

가. 도사견, 핏불테리어, 로트와일러 등 사람의 생명이나 신체 또는 동물에 위해를 가할 우려가 있는 개로서 농림축산식품부령으로 정하는 개(동물보호법 시행규칙 제2조)

1. 도사견과 그 잡종의 개
2. 핏불테리어(아메리칸 핏불테리어를 포함한다)와 그 잡종의 개
3. 아메리칸 스태퍼드셔 테리어와 그 잡종의 개
4. 스태퍼드셔 불테리어와 그 잡종의 개
5. 로트와일러와 그 잡종의 개

나. 사람의 생명이나 신체 또는 동물에 위해를 가할 우려가 있어 제24조 제3항에 따라 시·도지사가 맹견으로 지정한 개

4) 등록대상동물의 범위(동물보호법 제2조 제8호 및 시행령 제4조)

법 제2조 제8호에서 "대통령령으로 정하는 동물"이란 다음 각 호의 어느 하나에 해당하는 월령(月齡) 2개월 이상인 개를 말한다.

1. 「주택법」 제2조 제1호에 따른 주택 및 같은 조 제4호에 따른 준주택에서 기르는 개
2. 제1호에 따른 주택 및 준주택 외의 장소에서 반려(伴侶) 목적으로 기르는 개

5) 동물보호의 기본원칙(동물보호법 제3조)

제3조(동물보호의 기본원칙) 누구든지 동물을 사육 · 관리 또는 보호할 때에는 다음 각 호의 원칙을 준수하여야 한다.

1. 동물이 본래의 습성과 몸의 원형을 유지하면서 정상적으로 살 수 있도록 할 것
2. 동물이 갈증 및 굶주림을 겪거나 영양이 결핍되지 아니하도록 할 것
3. 동물이 정상적인 행동을 표현할 수 있고 불편함을 겪지 아니하도록 할 것
4. 동물이 고통 · 상해 및 질병으로부터 자유롭도록 할 것
5. 동물이 공포와 스트레스를 받지 아니하도록 할 것

6) 반려동물의 전달방법(동물보호법 제12조)

제12조(반려동물의 전달방법) 반려동물을 다른 사람에게 전달하려는 자는 직접 전달하거나 제73조 제1항에 따라 동물운송업의 등록을 한 자를 통하여 전달하여야 한다.

7) 동물의 수술(동물보호법 14조)

제14조(동물의 수술) 거세, 뿔 없애기, 꼬리 자르기 등 동물에 대한 외과적 수술을 하는 사람은 수의학적 방법에 따라야 한다.

8) 맹견의 사육허가(동물보호법 제18조)

제18조(맹견사육허가 등) ① 등록대상동물인 맹견을 사육하려는 사람은 다음 각 호의 요건을 갖추어 시·도지사에게 맹견사육허가를 받아야 한다.

1. 제15조에 따른 등록을 할 것
2. 제23조에 따른 보험에 가입할 것
3. 중성화(中性化) 수술을 할 것. 다만, 맹견의 월령이 8개월 미만인 경우로서 발육상태 등으로 인하여 중성화 수술이 어려운 경우에는 대통령령으로 정하는 기간 내에 중성화 수술을 한 후 그 증명서류를 시·도지사에게 제출하여야 한다.

② 공동으로 맹견을 사육·관리 또는 보호하는 사람이 있는 경우에는 제1항에 따른 맹견사육허가를 공동으로 신청할 수 있다.

③ 시·도지사는 맹견사육허가를 하기 전에 제26조에 따른 기질평가위원회가 시행하는 기질평가를 거쳐야 한다.

④ 시·도지사는 맹견의 사육으로 인하여 공공의 안전에 위험이 발생할 우려가 크다고 판단하는 경우에는 맹견사육허가를 거부하여야 한다. 이 경우 기질평가위원회의 심의를 거쳐 해당 맹견에 대하여 인도적인 방법으로 처리할 것을 명할 수 있다.

⑤ 제4항에 따른 맹견의 인도적인 처리는 제46조 제1항 및 제2항 전단을 준용한다.

⑥ 시·도지사는 맹견사육허가를 받은 자(제2항에 따라 공동으로 맹견사육허가를 신청한 경우 공동 신청한 자를 포함한다)에게 농림축산식품부령으로 정하는 바에 따라 교육이수 또는 허가대상 맹견의 훈련을 명할 수 있다.

⑦ 제1항부터 제6항까지의 규정에 따른 사항 외에 맹견사육허가의 절차 등에 관한 사항은 대통령령으로 정한다. [시행일: 2024.4.27.]

9) 맹견사육허가의 결격사유(동물보호법 제19조)

제19조(맹견사육허가의 결격사유) 다음 각 호의 어느 하나에 해당하는 사람은 제18조에 따른 맹견사육허가를 받을 수 없다.

1. 미성년자(19세 미만의 사람을 말한다. 이하 같다)
2. 피성년후견인 또는 피한정후견인
3. 「정신건강증진 및 정신질환자 복지서비스 지원에 관한 법률」 제3조 제1호에 따른 정신질환자 또는 「마약류 관리에 관한 법률」 제2조 제1호에 따른 마약류의 중독자. 다만, 정신건강의학과 전문의가 맹견을 사육하는 것에 지장이 없다고 인정하는 사람은 그러하지 아니하다.
4. 제10조 · 제16조 · 제21조를 위반하여 벌금 이상의 실형을 선고받고 그 집행이 종료(집행이 종료된 것으로 보는 경우를 포함한다)되거나 집행이 면제된 날부터 3년이 지나지 아니한 사람
5. 제10조 · 제16조 · 제21조를 위반하여 벌금 이상의 형의 집행유예를 선고받고 그 유예기간 중에 있는 사람 [시행일: 2024.4.27.]

10) 맹견의 관리(동물보호법 제21조)

제21조(맹견의 관리) ① 맹견의 소유자 등은 다음 각 호의 사항을 준수하여야 한다.

1. 소유자 등이 없이 맹견을 기르는 곳에서 벗어나지 아니하게 할 것. 다만, 제18조에 따라 맹견사육허가를 받은 사람의 맹견은 맹

견사육허가를 받은 사람 또는 대통령령으로 정하는 맹견사육에 대한 전문지식을 가진 사람 없이 맹견을 기르는 곳에서 벗어나지 아니하게 할 것

2. 월령이 3개월 이상인 맹견을 동반하고 외출할 때에는 농림축산식품부령으로 정하는 바에 따라 목줄 및 입마개 등 안전장치를 하거나 맹견의 탈출을 방지할 수 있는 적정한 이동장치를 할 것
3. 그 밖에 맹견이 사람 또는 동물에게 위해를 가하지 못하도록 하기 위하여 농림축산식품부령으로 정하는 사항을 따를 것

② 시·도지사와 시장·군수·구청장은 맹견이 사람에게 신체적 피해를 주는 경우 농림축산식품부령으로 정하는 바에 따라 소유자 등의 동의 없이 맹견에 대하여 격리조치 등 필요한 조치를 취할 수 있다.

③ 제18조 제1항 및 제2항에 따라 맹견사육허가를 받은 사람은 맹견의 안전한 사육·관리 또는 보호에 관하여 농림축산식품부령으로 정하는 바에 따라 정기적으로 교육을 받아야 한다. [시행일: 2024.4.27.]

11) 맹견의 출입금지(동물보호법 제22조)

제22조(맹견의 출입금지 등) 맹견의 소유자 등은 다음 각 호의 어느 하나에 해당하는 장소에 맹견이 출입하지 아니하도록 하여야 한다.

1. 「영유아보육법」 제2조 제3호에 따른 어린이집
2. 「유아교육법」 제2조 제2호에 따른 유치원
3. 「초·중등교육법」 제2조 제1호 및 제4호에 따른 초등학교 및 특수학교
4. 「노인복지법」 제31조에 따른 노인복지시설
5. 「장애인복지법」 제58조에 따른 장애인복지시설

6. 「도시공원 및 녹지 등에 관한 법률」 제15조 제1항 제2호 나목에 따른 어린이공원
7. 「어린이놀이시설 안전관리법」 제2조 제2호에 따른 어린이 놀이시설
8. 그 밖에 불특정 다수인이 이용하는 장소로서 시·도의 조례로 정하는 장소

12) 맹견 보험의 가입(동물보호법 제23조)

제23조(보험의 가입 등) ① 맹견의 소유자는 자신의 맹견이 다른 사람 또는 동물을 다치게 하거나 죽게 한 경우 발생한 피해를 보상하기 위하여 보험에 가입하여야 한다.

② 제1항에 따른 보험에 가입하여야 할 맹견의 범위, 보험의 종류, 보상한도액 및 그 밖에 필요한 사항은 대통령령으로 정한다.

③ 농림축산식품부장관은 제1항에 따른 보험의 가입관리 업무를 위하여 필요한 경우 대통령령으로 정하는 바에 따라 관계 중앙행정기관의 장 또는 지방자치단체의 장에게 행정적 조치를 하도록 요청하거나 관계 기관, 보험회사 및 보험 관련 단체에 보험의 가입관리 업무에 필요한 자료를 요청할 수 있다. 이 경우 요청을 받은 자는 정당한 사유가 없으면 이에 따라야 한다.

13) 반려동물행동지도사(동물보호법 제30조, 제31조)

제30조(반려동물행동지도사의 업무) ① 반려동물행동지도사는 다음 각 호의 업무를 수행한다.

1. 반려동물에 대한 행동분석 및 평가

2. 반려동물에 대한 훈련
3. 반려동물 소유자등에 대한 교육
4. 그 밖에 반려동물행동지도에 필요한 사항으로 농림축산식품부령으로 정하는 업무

② 농림축산식품부장관은 반려동물행동지도사의 업무능력 및 전문성 향상을 위하여 농림축산식품부령으로 정하는 바에 따라 보수교육을 실시할 수 있다.

제31조(반려동물행동지도사 자격시험) ① 반려동물행동지도사가 되려는 사람은 농림축산식품부장관이 시행하는 자격시험에 합격하여야 한다.

② 반려동물의 행동분석·평가 및 훈련 등에 전문지식과 기술을 갖추었다고 인정되는 대통령령으로 정하는 기준에 해당하는 사람에게는 제1항에 따른 자격시험 과목의 일부를 면제할 수 있다.

③ 농림축산식품부장관은 다음 각 호의 어느 하나에 해당하는 사람에 대해서는 해당 시험을 무효로 하거나 합격 결정을 취소하여야 한다.

1. 거짓이나 그 밖에 부정한 방법으로 시험에 응시한 사람
2. 시험에서 부정한 행위를 한 사람

④ 다음 각 호의 어느 하나에 해당하는 사람은 그 처분이 있은 날부터 3년간 반려동물행동지도사 자격시험에 응시하지 못한다.

1. 제3항에 따라 시험의 무효 또는 합격 결정의 취소를 받은 사람
2. 제32조 제2항에 따라 반려동물행동지도사의 자격이 취소된 사람

⑤ 농림축산식품부장관은 제1항에 따른 자격시험의 시행 등에 관한 사항을 대통령령으로 정하는 바에 따라 관계 전문기관에 위탁할 수

있다.

⑥ 반려동물행동지도사 자격시험의 시험과목, 시험방법, 합격기준 및 자격증 발급 등에 관한 사항은 대통령령으로 정한다.

14) 유실 · 유기동물의 공고(동물보호법 제40조)

제40조(공고) 시 · 도지사와 시장 · 군수 · 구청장은 제34조 제1항 제1호 및 제2호에 따른 동물을 보호하고 있는 경우에는 소유자 등이 보호조치 사실을 알 수 있도록 대통령령으로 정하는 바에 따라 지체 없이 7일 이상 그 사실을 공고하여야 한다.

15) 사육포기동물의 인수(동물보호법 제44조)

제44조(사육포기 동물의 인수 등) ① 소유자 등은 시 · 도지사와 시장 · 군수 · 구청장에게 자신이 소유하거나 사육 · 관리 또는 보호하는 동물의 인수를 신청할 수 있다.

② 시 · 도지사와 시장 · 군수 · 구청장이 제1항에 따른 인수신청을 승인하는 경우에 해당 동물의 소유권은 시 · 도 및 시 · 군 · 구에 귀속된다.

③ 시 · 도지사와 시장 · 군수 · 구청장은 제1항에 따라 동물의 인수를 신청하는 자에 대하여 농림축산식품부령으로 정하는 바에 따라 해당 동물에 대한 보호비용 등을 청구할 수 있다.

④ 시 · 도지사와 시장 · 군수 · 구청장은 장기입원 또는 요양, 「병역법」에 따른 병역 복무 등 농림축산식품부령으로 정하는 불가피한 사유가 없음에도 불구하고 동물의 인수를 신청하는 자에 대하여는 제1항에 따른 동물인수신청을 거부할 수 있다.

16) 동물실험 및 해부실습금지(동물보호법 제49조 및 제50조)

제49조(동물실험의 금지 등) 누구든지 다음 각 호의 동물실험을 하여서는 아니 된다. 다만, 인수공통전염병 등 질병의 확산으로 인간 및 동물의 건강과 안전에 심각한 위해가 발생될 것이 우려되는 경우 또는 봉사동물의 선발·훈련방식에 관한 연구를 하는 경우로서 제52조에 따른 공용동물실험윤리위원회의 실험 심의 및 승인을 받은 때에는 그러하지 아니하다.

1. 유실·유기동물(보호조치 중인 동물을 포함한다)을 대상으로 하는 실험
2. 봉사동물을 대상으로 하는 실험

제50조(미성년자 동물 해부실습의 금지) 누구든지 미성년자에게 체험·교육·시험·연구 등의 목적으로 동물(사체를 포함한다) 해부실습을 하게 하여서는 아니 된다. 다만, 「초·중등교육법」 제2조에 따른 학교 또는 동물실험시행기관 등이 시행하는 경우 등 농림축산식품부령으로 정하는 경우에는 그러하지 아니하다.

17) 50만 원 이하의 과태료 부과대상(동물보호법 제101조 제4항)

④ 다음 각 호의 어느 하나에 해당하는 자에게는 50만 원 이하의 과태료를 부과한다.

1. 제15조 제2항을 위반하여 정해진 기간 내에 신고를 하지 아니한 소유자
2. 제15조 제3항을 위반하여 소유권을 이전받은 날부터 30일 이내

에 신고를 하지 아니한 자
3. 제16조 제1항을 위반하여 소유자 등 없이 등록대상동물을 기르는 곳에서 벗어나게 한 소유자 등(혼자 집 밖에 있는 경우)
4. 제16조 제2항 제1호에 따른 안전조치를 하지 아니한 소유자 등(목출 미착용)
5. 제16조 제2항 제2호를 위반하여 인식표를 부착하지 아니한 소유자 등(인식표 미착용)
6. 제16조 제2항 제3호를 위반하여 배설물을 수거하지 아니한 소유자 등(배설물 미수거)
7. 제94조 제2항을 위반하여 정당한 사유 없이 자료 및 정보의 제공을 하지 아니한 자

18) 등록대상동물의 관리 등(동물보호법 제16조)

제16조(등록대상동물의 관리 등) ② 등록대상동물의 소유자 등은 등록대상동물을 동반하고 외출할 때에는 다음 각 호의 사항을 준수하여야 한다.

1. 농림축산식품부령으로 정하는 기준에 맞는 목줄 착용 등 사람 또는 동물에 대한 위해를 예방하기 위한 안전조치를 할 것
2. 등록대상동물의 이름, 소유자의 연락처, 그 밖에 농림축산식품부령으로 정하는 사항을 표시한 인식표를 등록대상동물에게 부착할 것
3. 배설물(소변의 경우에는 공동주택의 엘리베이터 · 계단 등 건물 내부의 공용공간 및 평상 · 의자 등 사람이 눕거나 앉을 수 있는 기구 위의 것으로 한정한다)이 생겼을 때에는 즉시 수거할 것

3. 주요 수의사법

1) 무면허 및 진료거부 금지(수의사법 제10조, 제11조)

제10조(무면허 진료행위의 금지) 수의사가 아니면 동물을 진료할 수 없다. 다만, 「수산생물질병 관리법」 제37조의2에 따라 수산질병관리사 면허를 받은 사람이 같은 법에 따라 수산생물을 진료하는 경우와 그 밖에 대통령령으로 정하는 진료는 예외로 한다.

제11조(진료의 거부 금지) 동물진료업을 하는 수의사가 동물의 진료를 요구받았을 때에는 정당한 사유 없이 거부하여서는 아니 된다.

2) 수술 등 중대진료에 관한 설명(수의사법 제13조의2)

제13조의2(수술 등 중대진료에 관한 설명) ① 수의사는 동물의 생명 또는 신체에 중대한 위해를 발생하게 할 우려가 있는 수술, 수혈 등 농림축산식품부령으로 정하는 진료(이하 "수술 등 중대진료"라 한다)를 하는 경우에는 수술 등 중대진료 전에 동물의 소유자 또는 관리자(이하 "동물소유자 등"이라 한다)에게 제2항 각 호의 사항을 설명하고, 서면(전자문서를 포함한다)으로 동의를 받아야 한다. 다만, 설명 및 동의 절차로 수술 등 중대진료가 지체되면 동물의 생명이 위험해지거나 동물의 신체에 중대한 장애를 가져올 우려가 있는 경우에는 수술 등 중대진료 이후에 설명하고 동의를 받을 수 있다.
② 수의사가 제1항에 따라 동물소유자 등에게 설명하고 동의를 받아야

할 사항은 다음 각 호와 같다.

1. 동물에게 발생하거나 발생 가능한 증상의 진단명
2. 수술 등 중대진료의 필요성, 방법 및 내용
3. 수술 등 중대진료에 따라 전형적으로 발생이 예상되는 후유증 또는 부작용
4. 수술 등 중대진료 전후에 동물소유자 등이 준수하여야 할 사항

③ 제1항 및 제2항에 따른 설명 및 동의의 방법 · 절차 등에 관하여 필요한 사항은 농림축산식품부령으로 정한다.

3) 수술 등의 진료비용, 진찰 등의 진료비용 고지 (수의사법 제19조, 제20조, 제21조)

제19조(수술 등의 진료비용 고지) ① 동물병원 개설자는 수술 등 중대진료 전에 수술 등 중대진료에 대한 예상 진료비용을 동물소유자 등에게 고지하여야 한다. 다만, 수술 등 중대진료가 지체되면 동물의 생명 또는 신체에 중대한 장애를 가져올 우려가 있거나 수술 등 중대진료 과정에서 진료비용이 추가되는 경우에는 수술 등 중대진료 이후에 진료비용을 고지하거나 변경하여 고지할 수 있다.

② 제1항에 따른 고지 방법 등에 관하여 필요한 사항은 농림축산식품부령으로 정한다.

제20조(진찰 등의 진료비용 게시) ① 동물병원 개설자는 진찰, 입원, 예방접종, 검사 등 농림축산식품부령으로 정하는 동물진료업의 행위에 대한 진료비용을 동물소유자 등이 쉽게 알 수 있도록 농림축산식품부령으로 정하는 방법으로 게시하여야 한다.

② 동물병원 개설자는 제1항에 따라 게시한 금액을 초과하여 진료비용을 받아서는 아니 된다.

제20조의2(발급수수료) ① 제12조 및 제12조의2에 따른 진단서 등 발급수수료 상한액은 농림축산식품부령으로 정한다.

② 동물병원 개설자는 의료기관이 동물소유자 등으로부터 징수하는 진단서 등 발급수수료를 농림축산식품부령으로 정하는 바에 따라 고지·게시하여야 한다.

③ 동물병원 개설자는 제2항에서 고지·게시한 금액을 초과하여 징수할 수 없다.

4) 발급수수료(수의사법 시행규칙 제19조)

제19조(발급수수료) ① 법 제20조의2 제1항에 따른 처방전 발급수수료의 상한액은 5천 원으로 한다.

② 법 제20조의2 제2항에 따라 동물병원 개설자는 진단서, 검안서, 증명서 및 처방전의 발급수수료의 금액을 정하여 접수창구나 대기실에 동물소유자 등이 쉽게 볼 수 있도록 게시하여야 한다.

참고문헌

강현정 역(2015). 내 강아지 행복한 노견생활. 해든아침.
권혁필 외(2023). 반려동물관리사. 동문사.
김병석 외(2023). 반려동물행동교정학 이론과 실무. 동문사.
김병석(2020). 강아지는 산책하고 달리고 놀아야 한다. 하움출판사.
김병석(2022). 반려견에 대한 보상기반훈련 프로그램이 복종훈련단계, 민감도, 문제행동교정에 미치는 효과. 박사학위논문.
김옥진 외(2021). 반려동물관리학. 동일출판사.
박은정 외(2021). 선생님, 우리 강아지 이 음식 먹여도 될까요?. 길벗.

bestclub.kr
brunch.co.kr
caviar.co.kr
m.nongmin.com

저자 소개

김병석박사

현) 신라대학교 일반대학원 반려동물학과 초빙교수

현) 가톨릭상지대학교 반려동물과 초빙교수

전) 부산경상대학교 반려동물산업과 교수(학과장)

전) (주)소통공감반려견아카데미 대표

최동락박사

현) 화신사이버대학교 특임교수

현) 한국반려동물학회 회장

현) 이유있는동행 대표

전) 부산경상대학교 반려동물보건과 교수(학과장)

김수진

현) 동명대학교 반려동물대학 학장

현) 동명대학교 반려동물보건학과 학과장

현) 사)한국반려동물교육문화협회 회장

이영락박사

수의학박사

경상대학교/대학원 졸업

현) 부산종합동물병원 원장

현) 부산수의사회 회장

현) 대한수의사회 부회장

〈그림〉

박현주(두부)

성균관대학교에서 미술을 전공하였으며

강아지와 고양이를 그리는 작가로 활동하고 있습니다.

슬기로운 반려생활

- 고마워! 나의 가족이 되어 주어서 -

초판 1쇄 발행 / 2024년 4월 11일
초판 2쇄 발행 / 2024년 10월 10일

●

공저자 / 김병석 · 최동락 · 김수진 · 이영락
발행인 / 이 중 수
발행처 / **동 문 사**

●

서울특별시 서대문구 홍제원 1길 12
(홍제동 137-8)
Tel: 02)736-3718(대), 736-3710, 3720
Fax: 02)736-3719
등록번호: 1974.04.27 제9-17호
가격: 11,000원

●

ISBN: 979-11-6328-593-9 (13490)
E-mail: dong736@naver.com
www.dongmunsa.com